Consejos para crear y desarrollar su empresa

Relato de una experiencia

Dedicado a Éric Maquet…

Índice

PRÓLOGO

Tras una experiencia de diez años como "empleado", decidí iniciar la apasionante aventura del emprendedor. Desde mi tierna infancia, siempre había mantenido en un rincón de la cabeza el deseo de crear mi propia empresa para no tener que rendir cuentas a nadie. Es una cuestión de mentalidad, de personalidad y quizás incluso de destino. Si está leyendo este libro es porque este tema le interesa. Entonces tenemos un punto en común.

Antes de crear mi empresa, me hubiera gustado tener consejos, incluso ser guiado para evitar los escollos y los obstáculos que se presentan en el camino del emprendedor. Esto me habría permitido ganar tiempo y sobre todo centrar mi energía en tareas más importantes.

Por todas estas razones he decidido escribir este libro, esperando que le sea útil, si como yo, ha tenido un día el deseo de pasar a ser su propio jefe.

Inspirándome en el refrán *consejo sin ejemplo es como letras sin aval*, leerá en estas páginas una descripción detallada de mi experiencia personal con el propósito de avalar los consejos que le facilitaré. Con el relato de mi trayectoria, en ocasiones tendrá la impresión de leer una novela de ficción, pero quisiera precisar que todo lo que va a leer es verídico.

He querido que este libro sea autobiográfico no por razones de ego, sino para humanizar el concepto de la actividad empresarial: desde la búsqueda de una idea de negocio hasta la diversificación de sus actividades, pasando por el encuentro de un socio, la búsqueda de fondos, la contratación de personal y la gestión de los problemas de todo tipo.

He dudado mucho antes de encontrar un titulo adecuado para este libro.

Nuestra historia es la historia de dos franceses que decidieron irse a vivir a Madrid, por su calidad de vida, y quienes cansados de trabajar para terceros, decidieron ser sus propios jefes. Así, este libro habría podido titularse: "Cómo crear su empresa en un país desconocido".

Voy a enumerar las múltiples dificultades que hay que superar cuando uno crea su propia empresa, por lo que pensé también en el título: "Emprendedor: conserve el optimismo a toda prueba".

Más que las dificultades, son tragedias que he vivido en esta experiencia de emprendedor, por lo tanto, este libro también podría haberse titulado: "Cómo salir adelante a pesar de los golpes duros".

En resumen les contaré todos estos temas.

Una última advertencia: leerá muchos anglicismos en mi escritura. Sin embargo, ¡he creado mi empresa en España y no en un país de habla inglesa! Es un hecho: las principales referencias del mundo empresarial provienen del país del tío Sam. Le pido disculpas de antemano por estas traiciones de lenguaje.

Asociarse

Una empresa es, ante todo, un asunto de personas. Es quizás también por eso, que llamamos a las empresas "sociedades". Y vivir en sociedad exige un gran respeto a los demás, en el caso presente el respeto a su socio (y más tarde a sus empleados).

El poeta francés Antoine de Saint-Exupéry escribió " *Oblígales a construir una torre juntos y los convertirás en hermanos* ".

¡Es tan cierto!

Crear una empresa es una experiencia que establece fuertes vínculos entre sus socios, siendo estos para toda la vida. Para emprender este camino es indispensable rodearse de personas que tengan la misma visión que usted y sobre todo la misma ambición.

Encontrar el buen « socio » tanto en su vida como en su trabajo, ¡es la clave fundamental!

Volviendo a mi trayectoria, concretamente al año 1999. En esta época trabajo para una agencia de prensa internacional. Vivo con mis maletas a cuestas once meses al año, saltando de un país a otro para realizar reportajes económicos sobre los mismos, publicados en revistas y diarios prestigiosos (*Le monde, The Daily Telegraph, USA Today, Time* etc.), pero sobre todo financiados por la publicidad.

En otoño de 1999 me encuentro en Rumanía, primera etapa de un reportaje en Europa central sobre el sector de las telecomunicaciones. En un restaurante de moda de la ciudad me presentan a Eric, un francés expatriado que vive en Sudáfrica, recién llegado a Bucarest para visitar a una amiga que trabaja para la misma agencia que yo. Algunas palabras intercambiadas alrededor de un delicioso *Goulash*, algunas frases alrededor de una cerveza local, hay buenas vibraciones entre nosotros.

Tres años más tarde, en abril de 2002, sigo trabajando para la misma agencia pero esta vez con base en Madrid y como jefe. Continuo viajando, pero mucho menos que antes: ¡apenas ocho meses al año!

Durante un viaje a Sudáfrica, para supervisar el reportaje de un equipo me presentan de nuevo a Eric. Este francés que trabaja para Michelin en Johannesburgo, es "El" contacto privilegiado en Sudáfrica para todos los periodistas de nuestra agencia de prensa.

Eric me dice que considera la posibilidad de abandonar « la nación arco iris» para instalarse en Madrid. Le ofrezco mi apartamento fantasma (ya que solo lo habito cuatro meses de doce) como lugar de acogida provisional para este compatriota que ya aprecio. Tres semanas más tarde, entre dos aviones en Madrid, recibo una llamada telefónica de mi doble encuentro rumano-surafricano. Eric acaba de aterrizar en la capital española y no sabe dónde alojarse. Como mi propuesta sigue en pie se instala provisionalmente en mi apartamento...

Ahí se quedó durante cinco meses.

Un año más tarde, en marzo de 2003, cansado de viajar renuncio a mi trabajo en esta agencia de prensa internacional después de siete años de buenos y leales servicios. Después de tantas vueltas por el mundo la idea de volver a ser empleado no me ilusiona mucho.

Es entonces cuando me vuelvo a cruzar con Eric quien acaba también de dejar su trabajo harto de trabajar para terceros: ¡ah las coincidencias de la vida!!! ¿Hacemos algo juntos? ¿creamos nuestra propia empresa? Una tarde de primavera, una discusión en un bar de la capital española cambiaría nuestro destino profesional para siempre.

Queremos crear algo juntos y aquí en Madrid donde vivimos, ¿pero qué tipo de empresa vamos a crear?...

Conclusión del capítulo: el azar a veces te echa una mano. No me lo he pensado dos veces en el momento de decidir si hacía bien en asociarme con una persona casi desconocida. Solo he seguido mi instinto, el primer *feeling* que tuve con esta persona. Incluso en los momentos más difíciles atravesados por nuestra empresa, nunca he lamentado mi asociación con Eric.

Mis consejos:

¡Siga su instinto en el momento de asociarse! El instinto es el primer y el « verdadero » sentimiento fuera de cualquier opinión exterior. Un sentimiento único.

Mi segundo consejo es no pedir consejo a vuestros seres queridos en cuanto a vuestra asociación. Esto puede parecer muy audaz, pero es cierto. Sólo uno mismo puede saber si será capaz de trabajar con una persona. ¡No los demás!

En resumen, se podría decir que es necesario dejar de lado lo racional a la hora de escoger a su socio, y seguir únicamente su instinto.

Foto de los socios: Eric a la izquierda y Gaspard a la derecha en noviembre de 2003 en el momento de la creación de la empresa: Publimovida

Encontrar una idea…o no

Crear un negocio cuando uno no tiene muchas ideas es difícil, pero no es imposible. Por este motivo se creó el sistema de las « franquicias ».

No quiero, de ninguna manera, ofender a los franquiciados ni a los franquiciadores. Pero hay que reconocer que este sistema permite, si uno tiene un capital inicial, explotar sin demasiados riesgos una idea ya existente.

Por definición, la franquicia es un método de colaboración entre una empresa, el franquiciador y una o varias empresas, los franquiciados, mediante el pago de royalties por explotar el concepto elaborado por el franquiciador.

El sistema de franquicia viene de los Estados Unidos. El famoso fabricante de máquinas de coser *Singer*, al no poder distribuir él mismo sus productos, recurrió a distribuidores independientes vinculados a *Singer* por un contrato de franquicia. Esto ocurrió ya hace mucho tiempo…en 1851.

Por consiguiente, mi socio y yo nos citamos en el Salón de la Franquicia de Madrid para encontrar una idea a explotar. Gracias a nuestros « sacrificios » de expatriados, contábamos con ahorros que nos permitirían iniciar nuestra actividad sin demasiada presión financiera, al menos durante el primer año.

Decidimos tácitamente que el importe de la inversión inicial no sería nuestro principal obstáculo (manteniendo unas proporciones) si el potencial del negocio lo mereciera.

En aquella época (en el año 2003) España era unos de los "tigres" económicos de Europa. Como ejemplo Decathlon abrió en 2003 cinco tiendas en España, Leclerc decenas de hipermercados, lo mismo para Leroy Merlin, Mc Donalds…El país estaba boyante.

La feria de la Franquicia de Madrid era el lugar donde había que estar: "the place to be", si uno siente un alma de emprendedor.

Después de haber dado unas cuentas vueltas, como satélites, en los cuatros rincones de la feria, nuestra atención se centra en el pabellón de un fabricante portugués de accesorios de moda, que llamaré *Bijou*.

A modo informativo para el lector masculino (las mujeres ya lo saben) se denomina accesorios de moda: collares, pendientes y bolsos, entre otros. Los productos de *Bijou* son bonitos, bien presentados, *fashion* y sobre todo fabricados en Portugal, el país de Europa occidental con mano de obra más barata.

Mi socio y yo pensamos en lo siguiente:

- habrá siempre un mercado para los accesorios de moda.

- podremos sacar un buen margen con la venta de estos productos tomando en cuenta la diferencia entre el coste de fabricación portugués y el poder adquisitivo español.

De esta manera decidimos seguir adelante y emprender investigaciones de rentabilidad para establecer una tienda *Bijou* en franquicia en Madrid.

Estudio de rentabilidad

Suele ser la segunda etapa necesaria después de haber encontrado la idea de negocio. La lógica dicta que si el estudio de rentabilidad revela que el negocio no es rentable, es mejor abandonarlo.

Sin embargo esta lógica era válida hasta finales de los años 80. El auge de las nuevas tecnologías ha cambiando por completo el concepto de rentabilidad de las empresas. Hoy en día si su negocio pierde mucho dinero, el potencial de su idea puede hacerle multimillonario si vende parte de su empresa o si sale a bolsa. Es una paradoja del buen sentido, pero es una nueva realidad económica.

En el marco de una franquicia, existe eventualmente un potencial de reventa. Sin embargo hay que olvidarse de los sueños de fortuna, ya que la idea del negocio no nos pertenece. Será necesario ante todo que el negocio sea rentable. No hay otras opciones posibles.

Al encontrarnos en esta situación, no teníamos más remedio que sacar nuestra calculadora para cuantificar costes y estimar ingresos.

Estudio de costes:

Para nuestra tienda de accesorios de moda, había dos costes importantes:

- la compra de los productos (joyas) al franquiciador.

- el alquiler de la tienda. Este último es la clave para este tipo de negocio.

Visto el precio de los artículos (un promedio de quince euros por joya) la rentabilidad de nuestro negocio se basaba en el volumen. Y para tener volumen en un negocio de tienda, es imprescindible tener una ubicación óptima. Los americanos suelen decir que para que un negocio a pie de calle sea rentable hace falta tres cualidades: "location location, location". ¡No hay nada mejor que tener un buen emplazamiento!

En nuestro estudio de rentabilidad, teníamos que considerar también nuestros ingresos. El sistema de franquicia no solamente trae una idea sino también referencias sobre los ingresos que se pueden lograr, apoyándose en los resultados de otros franquiciados. De esta manera pudimos tener serias indicaciones sobre el volumen de negocios a esperar, aunque por precaución, disminuimos estas estimaciones del 10%.

Cuadro recapitulativo de nuestro estudio de costes y previsión de ingresos para los 3 próximos años:

BIJOU Simulación tienda Cifras en €	1° año	2° año	3° año
Facturación provisional	200.000	220.000	242.000
Incremento provisional de facturación		10%	10%
Compra de mercancía al franquiciador (stock)	100.000	72.600	121.000

Coste total del personal (nóminas): 1 vendedor a jornada completa el 1er año 2 vendedoras desde el 2° año (salarios de 2003)	15.600	31.200	32.136
Personal temporal	8.656	4.992	5241,6
Publicidad (1,5%)	4.860	2.178	2286,9
Robos de mercancía (3% del stock)	1.980	2.178	2286,9
Gastos bancarios (3% de comisión tarjetas bancarias)	6000	6.600	7260
Gastos de ventas (variable)	**95.942**	**119.748**	**120.973**
Inflación		4%	4%
Alquiler (40-50 m2 en zona comercial muy bien ubicada)	69.600	72.384	75.279
Embalaje, papelería…	4.000	4.160	4.326
Gastos de telecomunicación	3.000	3.120	3.245
Electricidad (luz, A/C, calefacción) y agua	1.200	1.248	1.298
Seguros	1.000	1.040	1.082
Música (copyright)	100	104	108
Uniforme vendedoras	200	208	216
Menaje	4.800	4.992	5.192
Alarma	500	520	541
Gestoría	1.200	1.248	1.298
Gastos de infraestructura (fijos)	**85.600**	**89.024**	**92.585**
Royalty de entrada (franquicia)	10.000		
Establecimiento de la empresa (notaría, abogado...)	1.000	-	
Fianza del alquiler (2 meses)	11600	-	
Gastos de entrada	**62.167**	**-**	**-**
Viajes a Portugal (país del franquiciador)	1.000	1.040	1.082

Gastos de management	1.000	1.040	1.082
Total gastos	243.709	209.812	214.640
	Año 1	Año 2	Año 3
Beneficios antes de impuestos	-43.709	10.188	27.360

Tal y como se puede comprobar en este cuadro los gastos de alquiler son, con diferencia, los más importantes, pero vitales para lograr un volumen de negocio consecuente.

Este cuadro demuestra también que a pesar de las estimaciones conservadoras ciertamente, pero realistas, el beneficio neto obtenido el tercer año es de 27.360 €.... Además he omitido voluntariamente insertar en el cuadro los sueldos de los dos socios (quienes echarán una mano a los vendedores el primer año para ahorrar otros salarios).

En resumen, 27.360 euros a repartir entre dos y a percibir solamente el tercer año de la actividad cuando no se ha cobrado ningún sueldo durante dos años, ¿merece la pena la inversión?

Las cifras hablan por sí mismas…

Llegados a este punto, hicimos un balance de nuestras competencias respectivas: Eric es un « producto Michelin », un técnico, e incluso un táctico experto en informática y logística. Yo vengo del mundo de la publicidad y mi *background* es más bien comercial. Además no teníamos ninguna experiencia en el pequeño comercio.

¿Cuál habría sido nuestro valor añadido en este tipo de negocio? Ninguno. Sin hablar del hecho de que nuestro estudio de rentabilidad se perfilaba con bajos ingresos…

En resumen, había demasiados indicadores rojos para que pudiéramos progresar con serenidad en el proyecto *BIJOU*. En consecuencia, tras el mes de estudio decidimos abandonar esta pista para dedicarnos a otro proyecto.

> **Mi consejo**:
>
> Si emprende un negocio con una idea ya ampliamente explotada, asegúrese de que la diferencia o el valor añadido que usted aportará sea significativo. En caso contrario, será únicamente « uno más » en un mercado ya muy competitivo.
>
> Incluso si su negocio tiene un valor de reventa significativo sin ser rentable, no descuide el estudio de rentabilidad. Para evitar las malas sorpresas, aplique la ley de los 20-20: disminuya su ingreso potencial del 20% y aumente sus costes del 20%.

Una idea de negocio con potencial

Es lo que todos buscamos a la hora de crear un negocio. La idea recíproca es igualmente valida: se emprende un negocio porque se tiene una idea con potencial.

Un negocio con potencial no significa necesariamente la idea que nadie ha tenido. Es simplemente ofrecer un producto o servicio que encontrará un comprador en un mercado determinado.

Si se piensa en una idea de negocio, es también importante incorporar el factor futuro: ¿mi idea tiene un futuro a medio y largo plazo? ¿Y si no tiene futuro cuales son las salidas posibles?

Citando la original máxima del mejor jugador de hockey sobre hielo de la historia *Wayne Gretzky*: "Patino hacia donde estará el tejo, y no hacia donde ha estado". Máxima que *Steve Jobs* ha retomado en varios discursos.

Vuelvo a mi experiencia. Buscando en la web hemos encontrado en el sitio de la federación francesa de la franquicia, una idea que nos pareció genial: un sistema de carteles rotativos montados sobre un vehículo.

La idea es bastante sencilla: en una camioneta de 3,5 toneladas (el límite antes de tener que pasar un permiso de camión) se coloca una caja cuadrada con tres ventanas tipo escaparate decoradas como si fueran pantallas de televisión. En el interior de la caja, se instala un sistema de carteles en desenrollo programados por un ordenador para garantizar una frecuencia de pases. El resultado es el siguiente:

Los carteles se ven tanto de día…como de noche:

El concepto consiste en establecer circuitos con horarios de circulación en consonancia con la meta de los anunciantes y en lugares de alta afluencia como: escuelas, salidas de metro, centros comerciales etc.

Ejemplo de circuito en la zona norte de Madrid:

HORARIOS	MARTES	MIERCOLES	JUEVES	VIERNES	SABADO
7h30 / 8h00	Alcobendas	Alcobendas	Valdelasfuentes	Alcobendas	
8h00 / 8h30	P.E. Diversia 1, 2 & 3	Moraleja salidas 1, 2 & 3	P.E. Diversia 1, 2 & 3	P.Ind. S.S. de los Reyes	
8h30 / 9h00	P.E. Diversia 1, 2 & 3	Moraleja salidas 1, 2 & 3	Colegios La Moraleja	P.Ind. S.S. de los Reyes	
9h00 / 9h30	Ctra. Fuencarral TELE 5	P.Ind. S.S. de los Reyes	Polideportivo Alcobendas	Salida Norte SS. de los Reyes	
9h30 / 10h00	Ctra. Fuencarral TELE 5	P.Ind. S.S. de los Reyes	Polideportivo Alcobendas	Salida Norte SS. de los Reyes	
					12h00 / 14h00
13h30 / 14h00	Glorieta Hotel Amura	Moraleja Green	Glorieta Hotel Amura		Plaza Moraleja y
14h00 / 14h30	Glorieta Hotel Amura	Moraleja Green	Glorieta Hotel Amura	14h30 / 15h30	salidas 1, 2 & 3
14h30 / 15h00	P.E. Diversia 1, 2 & 3	Proximidades [IKEA]	Moraleja Green	Glorieta Hotel Amura	14h00 / 16h30
15h00 / 15h30	P.E. Diversia 1, 2 & 3	Proximidades [IKEA]	Moraleja Green	15h30 / 16h30 / Ctra. Fuencarral Sony	Corte ingles / Sanchinarro
17h00 / 17h30	Colegios Alcobendas	Colegios La Moraleja	Glorieta Hotel Amura	16h30 / 17h30	16h30/19h00
17h30 / 18h00	Polideportivo Alcobendas	Ctra. Fuencarral Sony	P.E. Diversia 1, 2 & 3	Prox. [IKEA]	Prox. Plaza Norte 2
18h00 / 18h30	Polideportivo Alcobendas	Ctra. Fuencarral Sony			Mega Park
18h30 / 19h00	C.C. El Bulevar	Ctra. Fuencarral Sony	Ctra. Fuencarral Sony	17h30 / 20h00	
19h00 / 19h30	Moraleja salidas 1, 2 & 3	Ctra. Fuencarral TELE 5	Ctra. Fuencarral Sony	Proximidades [IKEA]	19h00/19h30 [IKEA]
19h30 / 20h00	Moraleja salidas 1, 2 & 3	Glorieta Hotel Amura	Ctra. Colmenar El viejo	Plaza Norte 2	
20h00 / 20h30	Centro Urbano Alc./S.S.	Glorieta Hotel Amura	Ctra. Colmenar El viejo	Proximidades [Alcampo]	

En resumen, es como si el anunciante comprara todo el mobiliario urbano de una ciudad (mobiliario urbano = carteles en las paradas de autobús, termómetros y relojes de calle, carteles 4x3, etc). Dado que los carteles colocados en el vehículo son visibles en zonas de afluencia y a horas punta.

El concepto prevé la presencia de varios anunciantes en el mismo soporte (camión) con una programación de pase de carteles en función del presupuesto desembolsado por el anunciante.

Escogimos este concepto para nuestra empresa por varios motivos:

- En primer lugar porque no existía en Madrid (al menos es lo que pensábamos). Por lo tanto, había un mercado que se ofrecía a nosotros.

- Las referencias de franquicias que teníamos en Francia han demostrado que es un concepto con alta rentabilidad (si está bien administrado). Por lo tanto, si funciona bien en Francia, ¡no hay razón para que no funcioné más allá de los Pirineos!

- El sector de actividad en el que estábamos (la publicidad exterior) es un sector relativamente estable, con evolución es cierto, pero no con revolución a la vista, al menos a medio plazo.

Es importante cuando se crea un negocio tomar en cuenta que su sector no estará sujeto a incertidumbres de desarrollo (como es el caso, tanto en las nuevas tecnologías como en el comercio tradicional).

- Los clientes potenciales eran abundantes y variados: de la simple tienda hasta las grandes marcas, pasando por el hipermercado.

- Podíamos, mi socio y yo, asumir la inversión económica solicitada para iniciar esta franquicia y sobrevivir algunos meses sin ingresos.

- Teníamos las competencias necesarias para llevar a cabo este negocio a diferencia de nuestro intento con « Bijou ». La venta de publicidad es una competencia que yo dominaba con mi experiencia anterior. Mi socio dominaba la logística con su experiencia en Michelin.

Entonces esta vez teníamos todos los indicadores en verde, para emprender esta aventura que empezaba por la adquisición del camión y la entrada en el sistema de franquicia, dado que la empresa que nos vendía el vehículo proponía ipso facto una franquicia.

Mis consejos:

Para sinterizar las reflexiones que hemos tenido:

- Si tiene la prueba de que existe un mercado para el producto o servicio que usted venderá.

- Si este mercado tiene futuro a corto y medio plazo (a largo plazo nadie puede presumir de saberlo ahora).

- Si su meta de clientes no es demasiado restrictiva.

- Si tiene la capacidad económica para arrancar su negocio y sobrevivir algún tiempo sin ingresos.

Si reúne estas condiciones no es necesario investigar más: ¡Adelante, láncese, sin esperar más!

Cuanto más espere, más dudas le surgirán y finalmente no se lanzará…

A veces el riesgo es precisamente el no tomar ningún riesgo.

Negociar y obtener información de un proveedor/franquiciador

Incluso si uno mismo se encarga de la fabricación del producto o del servicio que comercializará, en un momento dado tendrá que encontrarse con un proveedor. Ya sea para la compra de la materia prima o bien directamente del producto o servicio completo si su negocio consiste en revenderlo en otro mercado, como es el caso de una franquicia.

En consecuencia es mejor llegar bien preparado para esta etapa, porque no solamente definirá sus costes (la rentabilidad de su negocio), sino que es también la oportunidad de conseguir una información muy valiosa sobre la fiabilidad de su negocio.

Nuestra historia nos lleva en primer lugar al sur de España para reunirnos con el "master" de la franquicia. El master, es el representante del franquiciador en una región o en un país concreto. Master es decir maestro, y es el caso, ya que es dueño de toda actuación en lugar del franquiciador a quien representa.

Posteriormente viajamos a la Bretaña francesa para reunirnos con los verdaderos franquiciadores: los creadores del concepto.

Antes de emprender estos viajes, mi socio y yo elaboramos páginas y páginas de preguntas. No podíamos salir de estas dos reuniones cruciales sin haber aclarado todas las dudas que teníamos: ¡Nos estábamos jugando nuestro futuro profesional y nuestros ahorros!

Por lo tanto era un paso clave a más de un título:

- A corto plazo: porque íbamos a negociar el precio de compra del sistema y los derechos de entrada.
- A medio y largo plazo, puesto que era el momento de negociar el importe de royalties.

A continuación el plan del cuestionario que preparamos para el master y los franquiciadores:

I.CONCEPTO Y ASPECTOS LEGALES

II.GESTION DEL MATERIAL (EN NUESTRO CASO: EL VEHÍCULO)

III. COMERCIALIZACION

A/ Clientes

a)Perfil del cliente típico
Sus exigencias

Posicionamiento del producto.

b/ Estrategia comercial

- *Perfil del comercial a contratar*
- *Sistema de remuneración*
- *Consejos para acercarse a los clientes*
- *¿Qué se les puede ofrecer?*
- *¿A través de agencias de publicidad o en directo con los clientes?*
- *Programa de descuentos para fidelizar a los clientes*

c/ Una vez vendida la campaña:

- *redacción del contrato*
- *puesta en marcha de la campaña.*
- *gestión del diseño del cartel.*
- *aprobación del diseño*
- *facturación*

d/ Post venta

- *Informes para los clientes (fotos de campaña, copia del informe GPS...)*
- *Propuesta de nuevas campañas*
- *Puesta en contacto con otros clientes potenciales*

B/ Competencia

¿Quienes son? ¿Cómo posicionarse frente a ellos?

IV. CREACIÓN Y PRODUCCIÓN DE LOS CARTELES

¿Cómo hacen los otros franquiciados?
¿Qué tipo de material se aconseja para los carteles?
¿Qué precio de coste? ¿Y de venta?

V. GESTIÓN DE LA EMPRESA

¿Qué tipo de empresa suelen crear los franquiciados?
¿Qué tipo material o ayuda subministra el franquiciador?
Software de contabilidad, sistema informático, sistema de
facturación, CRM...

VI. CIFRAS - CASOS DE FRACASOS Y DE ÉXITOS

Rentabilidad y volumen de negocio para la mayoría de los
franquiciados

Ejemplos de franquiciados que funcionan. ¿Por qué?

Ejemplos de franquiciados que no funcionan. ¿Por qué?

Ejemplos de franquiciados que cerraron. ¿Por qué?

En ambos casos conseguir balances y cuentas de
resultados

VII. DERECHOS DE ENTRADA Y ROYALTIES

Negociación sobre el importe de las royalties y de los derechos de entrada
¿Se puede ver un contrato-tipo de franquicia?
Negociaciones sobre la exclusividad territorial

Calendario: queremos tener la entrega del primer vehículo en noviembre. ¿Cuándo habría que solicitar y firmar el contrato de franquicia?

Mi consejo:

Si tuviera que sintetizar las cuestiones claves a plantear, subrayaría lo siguiente:

1º Es primordial tener la más amplia información posible sobre los casos de franquicia que no han funcionado.

2º Analizar en profundidad los casos de franquicias que han tenido éxito.

Si su situación se aproxima más al primer caso que al segundo, es mejor replantearse antes de continuar…en cambio si tiene muchos puntos comunes con una franquicia de éxito, va por el buen camino, acaba de pasar el "cut"!

Preparar el lanzamiento

Infraestructura física y jurídica:

Para iniciar una empresa físicamente, basta con muy poco material: un ordenador, una dirección de correo electrónico, un teléfono y poco más. Es necesario iniciar al mismo tiempo el procedimiento para crear legalmente su empresa. Tendrá la opción entre varios marcos jurídicos: S.L, S.A., autónomo, etc. Los consejos de un gestor contable serán útiles para orientarle en su elección.

También tendrá que redactar los estatutos de su sociedad. En la web, encontrará numerosos ejemplos de estatutos que podrá adaptar a su negocio con facilidad.

A continuación tendrá que pasar por la casilla "notario" para presentar los estatutos.

Asegúrese también de redactar un contrato privado entre usted y su(s) socio(s) en el cual se definirá claramente sus compromisos recíprocos alrededor de su proyecto en común. Con frecuencia se piensa que los estatutos de empresa son suficientes y es un error. Si hay un problema entre socios es el contrato privado que lo resolverá.

En nuestro caso:

- Nos instalamos en el domicilio de mi socio y nunca nos hemos arrepentido de ello. En primer lugar porque los ingresos generados los primeros meses nunca nos habrían permitido pagar un alquiler de oficina. Incluso tener demasiados gastos fijos habría puesto en peligro la sociedad. Además esto nos permitió trabajar aún más y en ocasiones dormir en nuestro lugar de trabajo para maximizar nuestro tiempo. Todo es cuestión de saber separar lo personal y lo profesional en su mente como en su casa...

- Escogimos el estatuto de S. L.: Sociedad Limitada, precisamente porque como su nombre lo indica, se limita la responsabilidad de los socios al importe de sus aportaciones.

- Redactamos entre socios un contrato privado con la ayuda de una amiga abogada.

Resumen de los consejos:

- Además de elaborar cuidadosamente los estatutos de su empresa no olvide redactar también un contrato privado entre socios.

- Se suele incluir como socios pasivos en la empresa: cónyuges, familiares o amigos, es decir personas que no tienen ninguna actividad directa en el seno de la sociedad. ¡Es un grave error! En caso de separación, se divorcio, enfado etc., siempre estará vinculado jurídicamente con ellos en los estatutos de la empresa. Si la sociedad fuera adquirida, será necesario obligatoriamente sentarles también a la mesa de las negociaciones. En las páginas siguientes les relataré mi experiencia al respecto.

- Sea prudente con los gastos sobre todo en lo que se refiere al alquiler de las oficinas. Recuerde que numerosas empresas han iniciado su actividad en el garaje de sus fundadores, cosa que no les ha impedido triunfar...

Modelo de financiación

"Amo a mi Banco" es el lema de una publicidad que pasa en bucle estos últimos días. ¡Yo desde luego no he querido a mi banco cuando he creado mi empresa!

Sin embargo, en la España del 2003 era la época de la "barra libre" a nivel de hipotecas. No hay que hacerse ilusiones: no se le presta dinero si usted tiene algo que hipotecar. Como su casa, si se trata de una hipoteca para una vivienda, o un producto, para un crédito consumo. Para una sociedad, dado que se encuentra como en la mayoría de los casos en "responsabilidad limitada", los bancos suelen prestar moderadamente y nunca suficientemente. Por lo tanto, en la medida de lo posible es mejor no contar en ellos.

Las empresas de capital riesgo o "Business Angels" son otra opción de financiación. Sin embargo, salvo si usted tiene una idea de negocio fuera de lo común, estas entidades esperarán bien sabiamente que su negocio sea iniciado antes de prestarle dinero, y cuando lo hagan será a cambio de acciones en el capital de la empresa. Por consiguiente, para un lanzamiento de sociedad no pierda tiempo en contactarles ya que la probabilidad de que no le hagan caso es muy alta.

Quedan tres otras opciones de financiación:

1º Los amigos y/o la familia

Es lo que se denomina el *"love money"*. Por las mismas razones expuestas anteriormente sobre los estatutos, desaconsejo profundamente esta opción. Tanto más cuanto que esta vez no se trata de una línea en una hoja de papel que les une, sino el principal responsable de las guerras en ese bajo mundo: ¡el dinero! Nada peor como detonador para poner en peligro su relación con familiares y amigos.

2° El Estado

Si, ¡ha leído bien! El estado presta a las empresas y lo hace de manera muy generosa. No lo hace directamente, sino a través de agencias, organizaciones, asociaciones o entidades territoriales. ¿Cuál es la ventaja de estos préstamos? En general, no son reembolsables es decir son a fondo perdido. Se les llama en ese caso subvenciones, pero siempre conllevan contrapartidas como por ejemplo, las contrataciones garantías de personal o inversión en alta tecnología. Nunca se puede tener algo a cambio de nada.

3° La autofinanciación

Dado que usted ha decidido ser emprendedor, tendrá también que sacrificar un poco de sus ahorros. Si sale apenas de la universidad su autofinanciación necesariamente será limitada. Pero si ya tiene unos años de experiencia laboral, no dude en invertir una parte de sus ganancias en su negocio. Esto le dará mayor autonomía (una vez más nos encontramos con el prefijo "auto"). No tendrá contrapartida alguna, no tendrá que rendir cuentas a nadie, no habrá enajenación, ¡será libre! Y ser libre no es lo que iba buscando creando su propia empresa, ¿verdad?

Se dice que la libertad no tiene precio. En este caso, ¡si! Es el importe de su autofinanciación.

Con mi socio, a falta de haber podido encontrar ni Banco, ni organismo de préstamo, ni Business Angel, hemos practicado la autofinanciación al 100%.

Hemos invertido más de 60.000 euros cada uno en la sociedad. Es decir, la suma de 120.000 euros absorbida a más de la mitad con la compra del camión. Este fue un enorme sacrificio que paralizó todos nuestros proyectos personales (vacaciones, ocio etc.) durante unos cuantos años. Pero nunca nos hemos arrepentido, porque no tuvimos que rendir cuentas a nadie.

Lo repito: la libertad no tiene precio.

Resumen de mis consejos:

Para financiar su proyecto profesional, en un rango de orden pondría como primera elección: El estado a través de sus organismos especializados e inmediatamente después la autofinanciación, si uno se lo puede permitir.

Evite por todos los medios solicitar ayuda a su familia y amigos. Nunca se arrepentirá.

Componentes del "Marketing mix"

La palabra Marketing estaba muy de moda en los años 80. Después de haber cursado los estudios en una escuela de comercio con opción marketing y de haberlo aplicado en mí trabajo desde hace casi 20 años, sigo sin poder dar una definición exacta a esta palabra. Marketing quiere decir muchas cosas a la vez. En América latina, se suele hablar más bien de "mercado técnica" y es una apelación que se acerca más a lo que significa. El marketing es una técnica que nos tiene que acercar al mercado al cual aspiramos.

Para preparar nuestra actividad, simplemente abrimos de nuevo nuestros libros de estudiantes. Estos cursos, que nos parecían antes tan teóricos, nos iban ahora a echar una mano muy práctica. Les detallo las diferentes etapas de nuestro marketing-mix, el famoso 4 P:

1° Producto (o Servicio):

Esta fase consiste en definir claramente el producto o servicio que van a ofrecer. Hágase estas preguntas: ¿qué es lo que vendo? ¿Cómo puedo describir mi producto o servicio en pocas palabras para que se pueda comprender perfectamente y rápidamente? Esto parece evidente, pero no lo es para nada. Practique y se dará cuenta por sí mismo.

Es muy probable que esta etapa evolucione con el tiempo. Para un mismo producto o servicio vendido, usted verá que algunos años después, su definición y su manera de describirlo, habrán cambiado mucho. Es una evolución esencial para adaptarse al mercado, ya que éste también cambiará.

Nos hicieron falta varias semanas para emplear las buenas palabras para describir con precisión nuestro producto. Una descripción que hemos utilizado en todas nuestras presentaciones.

Mi consejo:

Tener bien en mente la definición y la descripción del producto o servicio que venderá parece tan evidente que se tiene tendencia a descuidar esta etapa. Sin embargo, es esencial tener las ideas claras sobre lo que se propone.

Utilice su entorno personal con juegos de rol para ponerse en situación. Si ellos no entienden lo que está haciendo y lo que trata de vender, entonces es muy probable que sus futuros clientes potenciales tampoco entiendan...

2º Precio:

Encontrar el precio justo del producto o servicio que desea vender, nos recuerda a un concurso de televisión, pero es también un paso fundamental.

El precio fijado por supuesto deberá corresponder al precio que sus clientes estén dispuestos a abonar, sino también y sobre todo, deberá corresponder a un precio que hará que su negocio sea rentable...y si no es el caso, ya no hay más negocio.

Tengan bien en mente que si su negocio no es rentable al final del segundo año (o incluso máximo el tercer año) no lo será nunca. No porque el modelo de negocio sea malo (quizá un poco también…), sino porque no aguantará tanto tiempo. En principio no sólo hará el sacrificio de invertir sus propios fondos en el negocio, sino que tampoco cobrará un sueldo para aliviar su tesorería. Por lo tanto, soportar un año con costos superiores a sus ingresos es factible, pero el segundo año está de más, salvo que tuviera el respaldo de empresas de capital riesgo.

También debe tener en cuenta que las tarifas son muy evolutivas. A medida que su negocio se desarrolla los reajustes de precios serán necesarios.

En el caso de nuestra empresa, las tarifas experimentaron muchos cambios. En primer lugar, «calcamos» los precios practicados por otros franquiciados en Francia, lo fue un grave error. Rápidamente (tres meses después del lanzamiento) tuvimos que rectificar, adaptándonos a las particularidades de nuestro mercado y simplificando nuestras tarifas, demasiado complicadas de comprender.

Un año después del inicio de nuestra actividad, modificamos drásticamente nuestras tarifas. Eliminamos los precios inferiores que correspondían a cierto tipo de clientes con el fin de proponer unas tarifas accesibles únicamente a los grandes anunciantes, es decir, aquellos que realmente se encontraban en nuestro mercado objetivo. Esta acción tuvo como afortunada consecuencia la supervivencia de nuestra empresa (volveré más adelante con más detalles sobre este tema).

Mi consejo:

Hay muchos factores a tener en cuenta para determinar el precio justo de sus productos o servicios: competencia, rentabilidad, precios a pagar por los clientes…que es mejor avanzar muy poco a poco en esta etapa durante los primeros meses de su actividad.

Sus tarifas no deben de ser fijas. Sus productos y sus clientes evolucionan, por lo que es preciso realizar los ajustes necesarios para que sus precios sean acordes con ellos y hacerlo lo más a menudo posible.

3º Promoción - Publicidad:

Si hay un sector que ha variado mucho desde hace algunos años, es la manera de anunciarse y de hacer publicidad.

Tan hace unos años existían 5 grandes soportes o medios de comunicación, llamados "soportes tradicionales":

1º La televisión: el soporte preferido de los anunciantes puesto que acapara por sí solo más del 40% de los gastos de publicidad.

2º Revistas/prensa escrita: pierden cada vez más terreno frente a la competencia digital, aunque los diarios gratuitos les dieron una segunda juventud.

3º Soportes exteriores: es un sector que de momento no ha experimentado muchos cambios salvo la aparición gradual de las pantallas digitales en lugar de los carteles de papel.

Es en esta categoría donde se encuentran nuestros vehículos publicitarios.

4º El cine: un medio que no gusta tanto a los anunciantes a pesar de ser terriblemente eficaz. Bien sentado en su butaca, es imposible no fijarse en los anuncios publicitarios que desfilan delante de sus ojos. Además el anunciante puede fijar su audiencia objetiva en función del tipo de película.

5º La radio: con frecuencia se le ha dado la extrema-unción (con la llegada de la televisión, Internet etc.), pero sigue sobreviviendo e incluso funciona muy bien.

Además de estos 5 medios convencionales hay que añadir un importante medio no convencional: el Marketing directo. Es decir, los folletos que se encuentran en su buzón de correo ordinario.

Sin embargo desde hace diez años Internet ha modificado completamente el panorama de medios y se impone como el gran soporte publicitario del presente y…del futuro. La manera de anunciarse en Internet también ha evolucionado. Pasando del Marketing directo (con el correo electrónico recibido del anunciante), hacia la intrusión de anunciantes en sus redes sociales y en sus búsquedas en Google y Yahoo…

En esta nueva jungla publicitaria, tiene un amplio abanico para encontrar el soporte más adecuado para promocionar el producto o servicio que vende.

Volviendo a nuestra empresa, nuestra problemática era original: ¡encontrar el soporte publicitario adecuado para hacer la promoción de…un soporte publicitario!

Pensamos que la mejor publicidad era anunciarnos en nuestro propio soporte. Así, cuando la gente nos viera, verían también sus propias marcas en este mismo soporte. Además era un medio poco oneroso para nosotros. No olvidemos que estábamos en fase de arranque y que cada euro desembolsado contaba. Por consiguiente, fabricamos adhesivos indicando nuestra página web que colocamos en las puertas del vehículo. Hicimos unos carteles muy « impactantes » con impresionantes ojos de búho de un metro de diámetro y la indicación: « Aquí te verán». Gracias a esta "auto publicidad" conseguimos algunos clientes. Sin embargo, esta promoción era bastante limitada, ya que seguía siendo local: el lugar donde se desplazaba el vehículo. Más adelante les contaré cual fue el otro medio más eficaz que encontramos para darnos a conocer.

A continuación una foto de nuestra "auto publicidad" en el vehículo de noche:

4° « *The Place* » - Distribución:

En inglés, es « *Place* », más conveniente ya que se habla de los 4 P pero en castellano el término correcto es: Distribución.

« *The place* », es el lugar donde se encontrará con sus clientes para vender su producto o servicio. Es durante esta etapa que tendrá que definir sus clientes objetivos. Una elección difícil, pero, una vez más, evolutiva (¡mejor dicho, afortunadamente evolutiva!).

No suele ocurrir que desde el comienzo de su actividad haya identificado perfectamente sus clientes objetivos. Incluso si está en el caso de una franquicia, donde se aplica una estrategia global, se dará cuenta de que cada mercado es diferente y exige un enfoque distinto hacia sus clientes.

Un buen ejemplo ilustrativo de este tema, es el caso de Mc Donalds. Estuvieron años pensando que se podía proponer la misma comida a un tejano que a un ruso o a un chino, y fracasaron en este intento. Todo les fue mejor desde que rectificaron proponiendo en sus restaurantes hamburguesa con arroz en Japón, cebollas fritas en Inglaterra, gazpacho en España y vino en Francia.

En nuestro caso nuestro primer objetivo de clientes eran los comerciantes (grandes y pequeños) de la zona norte de Madrid, donde circulaba nuestro vehículo con el circuito que habíamos establecido.

En consecuencia, antes de iniciar nuestra actividad, nos dirigimos a una muestra representativa de diez clientes potenciales para probar su reacción frente a este concepto publicitario.

La reacción fue positiva en ocho de los diez clientes a los visitamos. Nos dijeron que estarían dispuestos a hacer publicidad en nuestro soporte. Esto era suficiente para pensar que no nos habíamos equivocado de mercado.

Mis consejos:

Hay una frase que resume perfectamente la buena estrategia a tener en materia de posicionamiento con el cliente: *Think global but act local.* Piense globalmente, pero actué localmente para encontrar su meta de clientes adecuada.

Antes de lanzarse, se recomienda hacer una prueba de concepto ante una muestra representativa de clientes potenciales. En función de la respuesta obtenida, se dará cuenta rápidamente si va por buen camino o si es necesario volver a reflexionar sobre su plan de negocio y/o su meta de clientes.

5º Se puede añadir un quinto « P » a este marketing-mix, P de Presentación.

Se trata del famoso folleto (PDF o papel) que describe el producto o servicio que ofrece. Tener una buena presentación es fundamental ya que es ella la que le representará y venderá su producto o servicio en su ausencia. Es aconsejable tener un contenido de presentación corto y sobre todo claro. Lo más conciso posible.

Hoy en día los sitios web sustituyen cada vez más a las tradicionales presentaciones, lo que es una pena. No se comunica en una página web la misma información que en una presentación para clientes. ¡Dos pesos, dos medidas!

Nuestras presentaciones cambiaron a medida que nuestro modelo de negocio variaba. Al inicio no mencionábamos los precios, no éramos lo suficientemente claros sobre la descripción del concepto y teníamos pocas referencias que ofrecer. Con el tiempo nos dimos cuenta de que ser lo más transparente posible es fundamental, como poner los precios desde el principio (o una indicación de tarifas), ser preciso y conciso.

<u>Mis consejos</u>:

- Con frecuencia se dice que una imagen vale más que mil palabras. No dude en añadir ilustraciones en sus presentaciones, ya que es lo que más llama la atención de sus lectores. Mucho más que las palabras.

- No piense que su sitio web pueda sustituir una presentación. Es un buen complemento pero no un sustituto.

- No dude en mencionar sus precios en las presentaciones. Además de ganar en claridad, ganará tiempo al descartar aquellos que nunca tendrán el presupuesto para adquirir su producto o servicio.

Planificación comercial

En inglés, se suele decir «*failing to plan is planning to fail*». ¡Efectivamente no planificar nada es planificar su fracaso!

Se podría definir la planificación comercial como el programa de acciones comerciales a establecer para alcanzar los objetivos fijados.

Es la acción que dará visibilidad a su plan de desarrollo. Si la planificación es respetada y se alcanzan los objetivos, irá por el buen camino.

Por lo tanto se requiere ser metódico, organizado y realista, para « confeccionar » correctamente su planificación comercial.

Estoy sinceramente convencido de que la principal dificultad cuando se crea una empresa es saber « automotivarse ». A la diferencia de cuando se trabaja para una empresa, esta vez no hay nadie para despertarle si usted se duerme. Será usted mismo su propio maestro. Y si no es disciplinado, será una catástrofe. De ahí la necesidad de una buena planificación que sea su verdadera "hoja de ruta".

Algunos consejos procedentes de mi experiencia:

- La planificación comercial debe ser a muy corto plazo en el momento del lanzamiento de su actividad, y revisada con mucha frecuencia. Un ejemplo ilustrativo: cuando se entra por primera vez en una habitación sin luz, se avanza suavemente a tientas. Cuando vuelve a entrar por segunda vez en la misma habitación sin luz, se avanza más rápido puesto que ya se han adquirido algunos puntos de referencia incluso a tientas.

Con una empresa ocurre lo mismo: cuando comenzamos, se navega necesariamente "por estima", puesto que no se tiene ninguna referencia de lo ocurrido. Es preciso crear sus propias referencias a medida que vaya avanzando en su actividad.

Al comienzo, es importante elaborar una planificación comercial muy HUMILDE con objetivos realizables, por no decir pesimistas. Y esto por un sólo motivo: si usted es demasiado ambicioso y no llega a respetar su planificación y sus objetivos, se desanimará rápidamente.

Una planificación comercial es una hoja de ruta, pero debe ser también una fuente de motivación. Por eso hace falta avanzar poco a poco...

Mi socio y yo nos fijamos una planificación comercial muy ambiciosa, elaborada con la experiencia de otros franquiciados: al menos diez citas comerciales por semana con el objetivo de conseguir cinco contratos al mes. Al cabo de nuestro tercer mes de actividad, teníamos una media de cinco citas por semana y un contrato por mes...a lo sumo. Por consiguiente, tomamos rápidamente la decisión de revisar nuestros objetivos a la baja y sobre todo, hacer un balance cada mes para efectuar los ajustes necesarios.

Mi consejo:

Fíjese unos objetivos realizables y A CORTO PLAZO. Los revisará cuando será necesario. En caso contrario, se desanimará ante la magnitud de la tarea…

Encontrar un nombre comercial, un logotipo, un lema… ¡y cómo no, una mascota!

El nombre comercial o « *branding* » de su producto es casi tan importante como el producto en sí mismo. Podemos citar algunos ejemplos que han sido auténticos fiasco: la cerveza « Corona » tuvo que cambiar su nombre por Coronita. Otro ejemplo nefasto es la famosa gama de automóviles Nissan Pajero.

Al contrario, marcas de casos exitosos como: Vespa, Nutella, Kärcher han sido tan exitosas que representan por sí mismas al producto que comercializan.

Cabe señalar también que algunas empresas han adoptado sus nombres comerciales como nombres de empresa: France Telecom se transformó en Orange y Telefónica en Movistar en algunos países. Este cambio marca una nueva estrategia en la cual el nombre comercial se impone como la cabeza visible de la empresa. Permite también rejuvenecer la imagen de la empresa.

En nuestro caso, nuestra sociedad no es anónima (!) se denomina Publimovida S. L. También su nombre comercial. *Publi* por "publicidad", *movida* por movimiento, movilidad, acción. El nombre *Movida,* es también un guiño al movimiento cultural creativo que experimentó España a comienzos de los años 80.

Fue mi socio quien dio con este nombre, tras de unas cuantas semanas de *brainstorming*.

También tendrá que encontrar un logotipo. Es un paso importante y urgente, ya que este logotipo se verá en todas sus correspondencias: papel con membrete de su empresa, tarjetas de visita, firmas de correo electrónico, facturas, etc.

En general los logotipos se asocian al nombre de su empresa o directamente a su actividad.

Para Publimovida llegamos a un acuerdo interesante: la realización gratuita de nuestro logotipo por una estudiante en artes gráficos, a cambio de poder utilizar nuestra referencia en su currículum vítae como primera creación.

¡Lo hizo muy bien! En nuestro logotipo el "M" de Movida se encuentra incrustado directamente en el nombre de la empresa.

Sobre fondo blanco:

Y sobre fondo negro:

Encontrar un eslogan eficaz forma también parte de las etapas clave del Marketing de su empresa. Incluso si el producto o el servicio que vende es « serio », un lema será siempre una herramienta potente para atraer la atención de sus clientes potenciales. El objetivo es encontrar una frase llamativa que permitirá identificar inmediatamente a su empresa. Esta frase puede ser extraña o poética, pero siempre debe ser breve y agradable para repetirla con frecuencia

Los ejemplos de lemas eficaces son múltiples. Cabe citar los que permanecieron en nuestra memoria colectiva de consumidores:

- *¿Te gusta conducir?* Slogan de la marca BMW

- *Porque yo lo valgo* Slogan de la marca L´Oréal

- *Si bebes no conduzcas* Slogan de la Dirección General de Tráfico

- *Think Different* Slogan de la marca Apple

- *Just do it* Slogan de la marca Nike

- *Piensa en verde* Slogan de la Marca Heineken

- *Vuelve a casa por Navidad* Slogan de la marca Turrones el Almendro

- *Caro pero el mejor* Slogan de la marca Grundig

- *Impossible is nothing* Slogan de la marca Adidas

- *No es lo que tengo, es lo que soy* Slogan de la marca Viceroy

- *Be water, my friend* Slogan de una publicidad de BMW

- *Más que un club* Slogan del FC Barcelona

Como idea original se puede añadir una mascota a su marca comercial. Una mascota permite una identificación rápida y sirve para "humanizar" una marca, incluso si se hace a través de… ¡un animal! Lo que es una bonita paradoja.

Cabe citar el Bibendum de Michelin, la Ardilla de la Caja de ahorros, la vaca que ríe para los quesos del mismo nombre o Ronald para McDonald, como ejemplos más conocidos y exitosos de mascotas que identifican a sus marcas. Han cruzado el tiempo y las generaciones, lo que es la confirmación de su eficacia.

Como comentado en el capítulo sobre el Marketing mix, en Publimovida nuestra mascota es un búho y sus ojos punzantes que simbolizan nuestro lema: "aquí te verán".

Mis consejos:

Pensar en encontrar un nombre comercial fácil de pronunciar en los idiomas más hablados. Si hoy su único mercado es España, mañana quizás sea la exportación que genere los ingresos de su empresa.

Para su logotipo piense en la oportunidad de una licitación en una escuela de diseño a cambio de una referencia (o a través de un periodo de prácticas). Será un excelente concepto ganador-ganador para ambas partes.

Un eslogan eficaz puede ser una formidable herramienta para ilustrar su actividad. A veces se olvidan las marcas, pero siempre se recuerdan los lemas.

Adjuntar una mascota a su nombre comercial es también un antídoto eficaz contra el olvido y tiene la virtud de « humanizar » su producto.

Presencia en la Web

1° La página web

Hace tan sólo cinco años tener un sitio web era un "*nice-to-have*". Ahora se ha convertido en un "*must-have*". Es el escaparate visible de su empresa en cualquier momento y eso tranquiliza a sus futuros clientes. Incluso si sus ventas no proceden directamente del sitio e incluso si tiene una actividad que no tiene nada que ver con las nuevas tecnologías (como un comercio tradicional), deberá tener un sitio web, aunque sea básico.

Por lo tanto es muy aconsejable ir pensando en la creación de su página web desde el establecimiento de su empresa. Su elaboración será también una manera excelente de presentar con perspectiva la actividad que ejerce.

Y como siempre, procure ser lo más explícito posible en cuanto a la presentación de su actividad en su página web.

¿Cuántas veces ha recorrido un sitio web sin llegar a entender lo que hace una empresa y su propósito? Si un niño comprende su actividad al leer su página web, habrá logrado el objetivo. Apenas exagero…

Un buen complemento de una página web es un blog. La ventaja es que su actualización es mucho más sencilla. Un blog sirve, antes de nada, para publicar noticias sobre su empresa: un nuevo producto, una promoción, un nuevo acuerdo, una nueva contratación, etc. Tal noticia podrá ser también distribuida de manera exponencial en las redes sociales.

Es muy probable que en los próximos años las aplicaciones para móviles de presentación de empresa se hayan también convertido en un *"must-have"*. No se ha logrado todavía, quizás porque el precio de desarrollo de una app. dedicada a una empresa (+ 10.000 €) es aún prohibitivo.

Mi consejo:

-Elaborar una página web con explicaciones sencillas sobre lo que propone su empresa.

-Ser maestro de su "código fuente". Es decir, es necesario que negocien con el desarrollador de su sitio web para que pueda usted mismo actualizar su contenido. En primer lugar le permitirá ahorrar costes, pero sobre todo le dará una mayor flexibilidad para adaptar su sitio web cuando su modelo de negocio evolucione.

2ª Las redes sociales

Volvemos a la misma reflexión que para la página web. Tener presencia en las redes sociales se ha convertido en un *"must-have"* para cualquier empresa.

De hecho, ¿de qué redes sociales estamos hablando?

Aplicados al mundo de la empresa, hay tres interesantes:

-**Facebook**: En lugar de una persona será el nombre de su empresa. Así podrá añadir como "amigos" a sus clientes y contactos y publicar en su muro las noticias que desea comunicar. Además FB es una herramienta muy potente como canal de publicidad, ya que permite alcanzar una meta de clientes muy precisa según su edad, sexo, localización geográfica etc.

-**Twitter:** utilizando los tweets como portavoz de su empresa. Twitter es un medio útil para transmitir rápidamente una información en tiempo real sobre su actividad. Es también otro canal de publicidad.

-Linkedin: Esta red social es más una presentación formal de su actividad que un medio para « transmitir » información sobre su actividad.

¿Quid de las otras redes sociales?

Cabe destacar Viadeo como una alternativa similar a Linkedin aunque menos utilizado.

Instagram es la red que más ha crecido estos últimos años. Permite alcanzar un público joven (de hecho cada vez menos joven…).

Tener su propio Canal Youtube con videos explicativos sobre su producto o servicio es también muy útil y genera confianza por parte de sus clientes potenciales.

Su presencia en las redes sociales requiere a la vez tiempo y contenido: es decir, ¡hay que tener algo que contar!

En cuanto al tiempo, tiene dos opciones: hacerlo usted mismo, o bien solicitar a un "Community Manager" que se encargue de ello. Es un especialista que se encargará de su comunicación en las redes sociales.

Por lo que se refiere al contenido, puede ser: Comunicar el lanzamiento de un nuevo producto, una oferta comercial, la apertura de una nueva oficina, la contratación de un nuevo empleado, un puesto de trabajo a cubrir, la firma de un acuerdo, etc.

En lo que respecta a Publimovida, debo confesar que la empresa está totalmente ausente de las redes sociales. Es un perfecto: « haga lo que digo pero no lo que hago ». Pero esto se explica por un nuevo modelo de negocio que explicaré con más detalle más delante.

<u>Mi consejo</u>:

Hay que hacer una distinción importante entre las redes sociales como canal de información y como canal de publicidad. Para la primera le aconsejo gestionar este aspecto usted mismo como dueño de su empresa, en lugar de subcontratarlo, por lo menos al inicio de su actividad. Esta aspecto se puede manejar fácilmente, tan sólo hace falta un poco de práctica, es lo que se llama el *learning by doing*.

En cambio para las redes sociales como canal de publicidad le aconsejo recurrir a especialistas en este ámbito. Es tan potente y evoluciona con tanta rapidez que requiere un conocimiento muy específico.

Inicio de actividad

Las primeras llamadas

Entramos en el meollo del asunto. El producto o servicio está en marcha, incluso le hemos dado un nombre. La página web está lista y las presentaciones impresas. Somos perfectamente capaces de describir lo que le vamos a vender. Nos hemos fijado objetivos realistas y a corto plazo. Hemos identificado correctamente nuestros clientes potenciales.

En otras palabras, estamos listos. Por lo tanto, ahora ¡hay que tirarse a la piscina!

De todas formas se suele decir que *si uno siempre espera para estar listo, se arriesga a esperar el resto de su vida.*

En el caso de que su negocio no requiera ninguna acción comercial proactiva (puede ocurrir ¡qué suerte!), no necesitará acercarse a sus clientes de manera proactiva para vender. Sin embargo, contactar a sus primeros clientes tras haberles vendido algo para tener su opinión y feed back, es otro ejemplo de acercamiento comercial igualmente fundamental, ya que puede ser una fuente de información valiosa.

Una llamada comercial eficaz se prepara con tanto cuidado como una reunión. Es preciso tener bien en mente el objetivo de la llamada y la forma de lograr ese objetivo, es decir, su argumentación.

Una llamada es una acción aún más complicada que una cita. En primer lugar porque dispone de menos tiempo y porque sólo podrá convencer a su interlocutor con lo que le exprese telefónicamente. ¡Si usted es una mujer guapa, su físico no le ayudará!

Su única herramienta disponible para lograr el resultado es su voz…y eso se trabaja.

Para hacer un *phoning* eficaz, es necesario ante todo tener calma alrededor de sí mismo. Asegúrese de hacer sus llamadas cuando se encuentra solo. No hay nada peor que ser escuchado y posteriormente "juzgado" una vez el teléfono colgado, incluso cuando la persona que se encuentra cerca no tenga nada que ver con su negocio.

También hay que elegir el momento oportuno: evite llamar un lunes por la mañana, un viernes por la tarde o la víspera de un día festivo o a la vuelta. En todos estos casos, su interlocutor (y usted mismo) tendrán ya la mente en sus actividades recreativas o estarán sobrecargados por la actividad de su reincorporación al trabajo.

Es preciso cuidar su introducción: nada mejor que comenzar su *phoning* por una recomendación del tipo: "Soy un amigo de…que usted conoce y que me aconsejó llamarle". Es una frase mágica que permitirá a su interlocutor dedicarle más atención.

Si no dispone de ninguna recomendación, empiece por agradar a su interlocutor con frases del tipo «como su empresa es la referencia etc... de la región / del país…., he pensado que era absolutamente necesario contactarles». ¡Incluso si no es verdad! Aunque este cumplido es exagerado, tendrá el efecto de tocar el ego de su interlocutor o llevarle sobre el terreno del humor: en todo caso el objetivo se logrará, ya que captará su atención.

Luego hay que cuidar su argumentación: ser lo más claro, directo y específico posible. Sus interlocutores apreciarán su profesionalidad y estarán más abiertos a hacer negocio con usted sólo por la manera que tienen de explicar las cosas.

Esfuércese en ser entusiasta: el entusiasmo es altamente contagioso, así tendrá más probabilidad de convencer a su interlocutor. Si está en un día « sin », evite a cualquier precio hacer llamadas comerciales.

Esfuércese también en ser sonriente: dicen que una sonrisa al teléfono… ¡se ve!

Saber escuchar a su interlocutor es también fundamental. No dude en formularle preguntas y más preguntas. Si su interlocutor no quiere responder se lo dirá rápidamente, pero si no pregunta, nunca sabrá.

Recuerde que cada llamada es una preciosa fuente de información, tome el tiempo de anotar TODO lo que ha escuchado justo después de su llamada telefónica. Si espera unos minutos, necesariamente olvidará algunos detalles.

Si su objetivo es ante todo fijar una reunión, hay que ser firme y muy rápidamente proponer una fecha y hora sin dar la oportunidad a su interlocutor de cambiar de opinión. La gente suele tener muchas solicitudes y la diferencia para convencer a una persona se juega sobre unos detalles. El primero en desenvainar tendrá la última palabra. Asegúrese también de no dar demasiada información durante su llamada ya que en el caso contrario la reunión por parte de su interlocutor no tendrá mucho sentido ya que ya sabrá de qué se trata.

Piense también en cuidar la conclusión de su llamada por una fórmula de cortesía y un recordatorio del objeto de su llamada del tipo "muchas gracias Señor García por haberme escuchado, entonces nos vemos mañana jueves en sus oficinas a las 10h30".

Por último, no olvide auto-premiarse cada vez que logre alcanzar el objetivo de su phoning. Esto puede ser anodino, pero hace mucho a nivel de la autoestima y la famosa auto-motivación a la cual me refería anteriormente.

Siempre recordaré las primeras llamadas que hice para contactar a nuestros clientes potenciales. Me preparé mentalmente como un verdadero deportista, con la diferencia de que con los tres cafés tragados antes de descolgar el combinado, probablemente me hubieran dado positivo en la cafeína en el control antidopaje! Por ser entusiasta, yo lo era…y mucho: ¡daba saltos en mi silla!

Siempre utilizo (por no decir abuso) el humor como principal instrumento para ser eficaz en mis llamadas. Hoy en día hay cada vez menos oportunidades de reírse y todavía menos en el mundo empresarial. Por lo tanto si usted puede hacer reír a su interlocutor, lo tendrá en el bolsillo, se lo aseguro.

No lo era antes pero me convertí en una persona muy meticulosa a la hora de preparar y apuntar el resultado y el desarrollo de mis llamadas. Insisto: Es muy importante auto-disciplinarse cuando uno es su propio jefe.

Por lo que se refiere a la recompensa como soy un fan de deporte, cuando logro tener una buena agenda, me regalo a mi mismo cinco minutos de descanso para leer la prensa deportiva.

Mis consejos:

Para un *phoning* eficaz, las palabras clave son:

- Calma alrededor de sí mismo y momento oportuno (evite los lunes por la mañana, viernes por la tarde...).

- Tener bien en mente el objetivo de la llamada y la argumentación para alcanzar este objetivo.

- Se aconseja empezar por una recomendación si es posible o una nota de humor.

- Ser claro y conciso.

- Ser entusiasta.

- Escuche con cuidado a su interlocutor y no dude en hacerle preguntas.

- Apunte enseguida el acta de sus llamadas.

Si el objetivo es alcanzado, ¡auto-premiase! Lo habrá merecido ☺

Eficacia de sus reuniones comerciales

Estudios científicos demuestran que nos hacemos una opinión sobre una persona en menos de 30 segundos. Por lo tanto, tenemos poco tiempo para poner todas las cartas a nuestro favor…

La primera cosa por la cual se le juzgará es su apariencia. Un refrán español dice que *"La mujer de César no sólo debe ser honrada, sino además parecerlo"*.

Cada persona tiene su propio estilo de ropa y es imposible complacer a todo el mundo, sin embargo con un look "estándar", es decir, sin demasiada excentricidad, hay que reconocer que se limita un tanto el riesgo de no gustar…

Esfuércese en ser agradable con todas las personas con las que se cruzará desde el momento que entra en las oficinas del cliente potencial. De esta manera le recordarán. Tenga especial cuidado con la asistente del gerente o de su interlocutor. Es la persona clave para conseguir una nueva reunión cuando le haga falta.

En lo que a su discurso se refiere, durante un seminario sobre la comunicación ofrecido por mi ex empleador, nos explicaron que en un mensaje a transmitir, las palabras sólo cuentan por un 7% del entendimiento global por parte del receptor. Los gestos son lo que más cuentan con un 55%, seguido por el tono de voz con un 38%.

Esto no quiere decir que sea necesario mover los brazos como si fuese un molino, pero está bien saber que unos gestos expresivos y un tono de voz adecuado apoyarán con fuerza el mensaje que uno quiere transmitir y aumentará la eficacia del entendimiento por parte de su interlocutor.

Por lo que se refiere al contenido de su discurso: al igual que el *phoning*, hay que ser claro, preciso, y tener un plan de argumentos bien definido.

Practique con la ayuda de familiares o amigos con juegos de rol. No hay nada mejor para progresar. Es comparable a una actividad deportiva: cuanto más se practica, más se mejora.

He trabajado para una empresa que obligaba a sus empleados a aprender de memoria su Speech comercial, hasta la última coma. Al principio este método me pareció totalmente ridículo, pero luego, al ponerlo en práctica, me di cuenta rápidamente de la eficacia del proceso. ¡Mis empleadores tenían toda la razón!

Al igual que el *phoning*, no olvide de apuntar todo el contenido de su conversación, y eso justo después de salir de la reunión. ¡El poder del olvido no es leyenda!

Por último, agradezca a su interlocutor por correo electrónico poco tiempo después de su reunión (al día siguiente por ejemplo). Además de demostrar su educación es una buena excusa para que no se olvide de usted: ¡es preciso enarbolar el hierro cuando esté caliente!

Para concluir, sepa valorar el tiempo que su interlocutor le dedicó durante su reunión, porque precisamente ese tiempo, jamás lo recuperará…

Mi consejo:

Un método infalible: recuerde las dificultades que ha tenido para conseguir una cita importante, esto le obligará y le motivará para prepararla cuidadosamente.

La venta

Hay una diferencia entre la cita comercial que acabamos de ver, y la venta propiamente dicha. Un encuentro comercial no se limita únicamente a la venta, puede ser que no tenga nada que ver con ella.

Si usted ha creado una empresa, venderá necesariamente algo, ya sea un producto o un servicio. Y aunque no sea un vendedor nato, con un poco de práctica y de paciencia, puede ser un excelente vendedor, si cree en lo que está haciendo.

Cabe citar en primer lugar un hecho: la venta es el fruto de una decisión emocional.

Por supuesto que no hay venta si no hay una necesidad para su producto o servicio por parte del comprador. Sin embargo, el contexto y las circunstancias de la venta son igualmente importantes. Y en este contexto y estas circunstancias, está usted: el vendedor.

Se compra su producto, pero usted forma parte del *pack*. En mi anterior trabajo, donde la venta se hacía al nivel directivo de empresa, todos los vendedores eran vendedoras. Y eso porque vivimos en un mundo machista donde el 95% de los dirigentes de empresa son hombres…y, por lo tanto, una vendedora siempre será más eficaz frente a un hombre.

A falta de ser una mujer, es necesario que usted guste a su interlocutor. Es la *condición sine qua non* para convencerle. Tendrá que ser de su gusto: gracias a su argumento, gracias a su comportamiento en general, gracias a su manera de escucharle, gracias a su manera de cuidar su ego, de hacerle reír y de convencerle.

La venta es un proceso de seducción incluso entre dos personas del mismo sexo, todos los grandes vendedores se lo confirmarán. Además del interés por su producto o servicio, el vendedor forma parte integrante del envase.

Téngalo bien en mente: un producto o servicio por tan útil que sea, no se vende por sí solo.

Además existen dos reglas de oro fundamentales para convertirse en un brillante vendedor:

1° Siempre es necesario ser optimista a pesar de la falta de resultados. Con paciencia y trabajo duro, el éxito llegará necesariamente (incluso si su producto es muy muy difícil de vender).

2° Siempre es necesario ser humilde cuando llegan los primeros resultados.

Incluso creo que la segunda regla de oro, es todavía más difícil de respetar que la primera. Se dice que hay dos rasgós que definen a una persona: su paciencia cuando no tiene nada y su actitud cuando lo tiene todo.

Una persona que atraviesa dificultades es más ávida de conocimientos, precisamente para salir de sus dificultades. Y es más humilde. Por el contrario, cuando el éxito llega sentimos que no hay nada más que aprender y podemos volvernos prepotentes, especialmente cuando uno ocupa un cargo comercial.

Es un derivado de la famosa Teoría de Maslow sobre *La jerarquía de las necesidades humanas.*

He tenido la suerte de compartir experiencia con "grandes vendedores" y siempre he observado la misma humildad, la misma sed de aprendizaje y también el mismo optimismo. Un gran vendedor nunca ha llegado a ser brillante de repente. Previamente ha tenido que superar derrotas, pero como siempre ha mantenido su optimismo, convencido de que un día lograría el éxito, agacha la cabeza, aprieta los puños y jamás deja de aprender para finalmente dominar el asunto y lograr el éxito.

¡Es tan sencillo de describir pero tan difícil de poner en práctica!

Otra característica que pude observar en los grandes vendedores, es que nunca dan la sensación de falta de confianza en sí mismos. ¡Podrían estar totalmente aterrorizados, pero nunca se verá! Transmiten siempre la imagen de un « winner », de alguien que logra lo que emprende. Es el arte de controlar la imagen que los demás tienen de usted.

Prefiero dar envidia que pena: una amiga con impresionantes resultados comerciales me dijo un día este proverbio. Lo tengo grabado en mi memoria…

Otro hecho a meditar: los mejores vendedores no hacen una cosa 100% mejor que los demás, sino que hacen 100 cosas 1% mejor que los otros. Tenga cuidado con el menor detalle y piense sin cesar en mejorar absolutamente todo: su argumentación, su voz, sus gestos, su manera de presentarse, de entrar en la oficina de su interlocutor, de despedirse… ¡Todo cuenta!

Y para cerrar este párrafo, al igual que el *phoning*, es importante saber escuchar a su interlocutor. No únicamente por cuestión de educación sino también porque obtendrá de su parte valiosa información que se transformará en argumento de venta.

No puedo decir que yo sea un As de la venta, lejos de eso, pero trabajando duro y aplicando los conceptos enunciados anteriormente, he conseguido vender más de 1.000 contratos de publicidad en diez años con Publimovida. ¡Es una prueba de que estas teorías funcionan! Lo decía en el prólogo: un consejo sin ejemplo es como una letra sin aval...

Resumen de mis consejos:

Para ser eficaz en la venta:

- Actúe como si fuera a conquistar a su interlocutor.

- Conserve un optimismo a toda prueba, la rueda acabará por girar en su favor.

- Sea humilde cuando los resultados llegan. En caso contrario, dejará de progresar.

- Intente transmitir la imagen de una persona exitosa, incluso si no fuera siempre el caso...

- Tenga siempre sed de aprendizaje.

Contratación de empleados

No hay más riqueza que las personas, escribió un día *Jean Bodin*. El éxito de una empresa se debe en primer lugar a las personas que la constituyen. De eso no hay duda. Puede tener el mejor producto del mundo o tener el mayor potencial en el mercado, si no tiene el equipo adecuado, nunca triunfará.

Un reclutamiento idóneo es por lo tanto una de las etapas claves para el desarrollo de su empresa.

¿Tengo los medios a corto y a largo plazo para financiar esta contratación?

Esa es la primera "buena" pregunta que se tiene que plantear.

No hay que olvidar nunca que una contratación no es solamente una apuesta por una persona, sino también un compromiso a un gasto de larga duración. Estas reflexiones pueden parecer muy evidentes. Sin embargo, no siempre son aplicadas por las empresas...

Una vez que ha decidido dar el paso, la segunda etapa elemental consiste en definir claramente el puesto a cubrir. Es lo que se denomina el *«job description»*. Consiste en establecer una lista de tareas que deberá realizar la persona que desea contratar.

La tercera etapa sirve para elaborar el retrato robot del candidato ideal. Es lo que llamamos el "perfil buscado".

Mientras tanto tendrá que definir claramente lo que está dispuesto a ofrecer: título del puesto, sueldo, ventajas, etc.

¡Todo lo que acabo de esbozar le puede parecer sumamente banal y elemental, pero un pequeño recordatorio nunca viene mal sobre todo cuando uno está a punto de convertirse en un cazatalentos novato!

Falta por encontrar el medio eficaz para difundir su anuncio. A ese nivel, el *modus operandi* ha cambiado radicalmente estos últimos años. Las nuevas tecnologías y las redes sociales están para mucho en este cambio.

Le aconsejo empezar por difundir su anuncio en la cuenta Facebook, Linkedin, y Twitter de su empresa. Este será el medio más rápido y el menos costoso. Si no obtiene el resultado esperado puede recurrir a sitios web como *infojobs* o *infoempleo*. En principio son gratuitos. Y como otras alternativas puede recurrir a las vías tradicionales: la empresa cazatalentos, el anuncio en prensa o el INEM.

El modo de difusión de su anuncio depende mucho del puesto a cubrir. Si se trata de un Community Manager es mejor recurrir únicamente a las redes sociales. Si por el contrario busca un guarda almacén para su fábrica, más vale dirigirse al INEM.

Posteriormente viene la etapa de las entrevistas. Sobre este punto mi principal consejo es juzgar la **actitud más que la aptitud**. Si su candidato carece un poco de experiencia para el puesto necesario (todas proporciones mantenidas) no es tan grave, se encargará de formarle. En cambio, si encuentra una persona con la calificación adecuada para el puesto pero tiene dudas sobre su actitud, no dude más, escoja otro candidato. Existe un refrán a este respecto: *Si no tiene la intención de aprender, nadie puede ayudarle. Si está decidido a aprender, nadie puede detenerle.*

Pero, ¿cómo fijarse en una actitud? Observando la espontaneidad de la persona, su interés y su entusiasmo para el puesto. ¡Hay señales que no engañan!

Mi segundo consejo es tomarse su tiempo para sus contrataciones e involucrar a todos sus socios. Esta vez la distribución de tareas no se aplica: antes de contratar a un nuevo empleado, todos sus socios deben de haber visto y entrevistado al candidato por lo menos una vez. Ellos quizás podrán ver aspectos de dicha persona que usted no hubiera detectado.

Por último, mi último consejo es mantener al menos dos, o incluso tres candidatos hasta su decisión final y la firma del contrato. En caso contrario, si la persona elegida rechaza la propuesta en el último momento, se verá obligado a volver a empezar el proceso de selección desde el inicio.

Volviendo a Publimovida, dada la esencia de nuestra actividad: la circulación a tiempo completo de un vehículo publicitario, la contratación de un conductor se convirtió en una prioridad desde el inicio de nuestra empresa.

La *job description* fue bastante básica: circular con un camión según un circuito y unos horarios predefinidos. ¡No se puede decir que fuera el trabajo más complicado!

El perfil requerido: permiso de conducción B (nuestro vehículo al ser menos de 3.5 toneladas no requiere un permiso especifico), experiencia como conductor y residencia en la zona norte de Madrid (donde se encontraba el aparcamiento del camión).

Ofrecimos un sueldo ligeramente superior al sueldo medio para este tipo de trabajo y un contrato de duración indefinida.

Tras haber puesto el anuncio en el INEM de Madrid, recibimos cinco candidaturas. Descartado tres por falta de experiencia como chófer, para conservar dos en lista corta Los dos candidatos tenían un perfil muy diferente, aunque tenían en común el hecho de ser desempleados de "larga duración". Uno de ellos, más comercial que conductor, ¡nos preguntó por comisiones si conseguía vender campañas de publicidad! No fue realmente el perfil que buscábamos. Necesitábamos un chófer, no un comercial. El otro candidato, mucho más modesto, nos dijo que sólo tenía en su vida a su mascota (un perro) y que había perdido la esperanza de volver a encontrar un trabajo. Esta persona nos dio pena y por eso decidimos contratarla.

Tres semanas después del inicio de nuestra actividad, nuestro chófer recién contratado aparcó el vehículo brevemente en la acera para colocar un cartel que se había caído. Al volver a arrancar no se percató de que se acercaba un camión y...ocurrió el accidente.

La parte trasera de nuestro vehículo quedó parcialmente desgarrada. El cristal derecho de la caja de publicidad rayado y un retrovisor roto. Llamé a mi socio al rescate. Era preciso encontrar un taller de reparación lo más rápidamente posible (nos encontrábamos en plena campaña y nuestros clientes no debían saber que el camión estaba fuera de combate). Afortunadamente, enseguida encontramos un taller abierto.

Además nuestro chófer en una desafortunada maniobra al llegar al taller de fortuna, perforo la carrocería del coche del carrocero.

No era su día...ni tampoco el nuestro.

Junto con su factura de reparación, el carrocero nos pasó también el siniestro, lo que nos costó no poder asegurar nuestro vehículo a « todo riesgo » el año siguiente. ¡Y eso es todo un riesgo para un camión que circula 40 horas por semana!

Al salir del taller mi socio se puso muy nervioso con nuestro nuevo empleado y le mandó a casa. Esa misma noche, haciendo un balance de la jornada, tomaríamos una decisión en cuanto al chófer.

Pensamos: ¿Qué hará tras este nuevo fracaso si le despedimos, él que viene de un largo tiempo buscando un empleo? Todo el mundo tiene derecho a una segunda oportunidad. Pensamos que este accidente le serviría de lección para prestar aún más atención. La próxima vez, no tendrá más oportunidades. Esperamos así que se diera cuenta de que no solamente tenía entre sus manos el volante de un valioso vehículo, sino también su empleo. Estas fueron nuestras conclusiones. Se quedaría con nosotros.

Varios meses después el conductor nos confesó que padecía problemas de depresión…

Mis consejos:

- Valore más la actitud de sus candidatos que su capacidad.

- Todos los socios deben de haber entrevistado al candidato elegido y su usted fuera el único socio, debería de pedir la opinión de otra persona de su entorno. Es un consejo contrario del que ya les di para encontrar un socio.

En las relaciones con sus empleados hay que ser "humanos", pero si hay una falta grave, no se deje enternecer y tome las decisiones necesarias.

No tomar ninguna decisión cuando el chófer tuvo su primer accidente, fue nuestro error. En las siguientes páginas descubrirán porqué…

Saber usar sus contactos

Cuando uno crea su empresa, a menudo se encuentra muy solo, pero un conocimiento puede convertirse en un aliado estratégico dado su puesto de trabajo. Puede resultar difícil mezclar amistad y trabajo, pero si un amigo no puede echarle una mano en un momento de su vida, entonces ¿quién lo hará?

Ocurre lo mismo con los miembros de su familia.

TODOS sus contactos (privados y profesionales) tienen que estar al tanto de la creación de su empresa, en un ámbito muy amplio: Asociación de ex alumnos de su escuela/universidad, antiguos compañeros de trabajo, familiares de su familia política, amigos en Facebook, contactos en Linkedin y todas las otras redes sociales que tenga a su alcance.

¡Todo el mundo lo tiene que saber!

Y si no es su estilo hablar de usted y llamar a las puertas, recuerde el refrán: *Si quiere algo que nunca ha tenido, tendrá que hacer algo que nunca ha hecho.*

Volviendo a mi propia experiencia, como estoy diplomado en una escuela de comercio internacional, contacté enseguida a todos los ex alumnos de mi escuela que vivían en Madrid. Aproveché la ocasión para crear una asociación de antiguos alumnos del ESCE (nombre de nuestra escuela) residentes en España. No conseguí contratos gracias a esta asociación, pero sí reuniones interesantes que nos permitieron obtener diferentes opiniones sobre la percepción global de nuestro soporte.

Junto a mi socio informamos sobre la creación de nuestra empresa a todos los miembros de nuestras familias respectivas. Aprovechando las fiestas navideñas les enviamos una felicitación con el vehículo publicitario.

Cuando mi cuñado recibió la tarjeta me comentó que un amigo suyo era subdirector de un Hipermercado Leclerc que estaba a punto de abrir. Le llamé enseguida y al día siguiente de esta llamada ya estaba en mi coche recorriendo 600 kilómetros para presentarle el soporte…el viaje no fue en vano ya que le gustó mucho el concepto, sobre todo porque buscaba un medio para alcanzar los pueblos situado en la periferia del Hipermercado, donde no existen vallas publicitarias.

Dos semanas después firmaba el contrato de una campaña exclusiva de dos semanas.

Y eso gracias a una tarjeta de felicitación navideña y sobre todo gracias a mi cuñado… ¡Quiero a mi Familia!

Mi consejo:

Además de sus contactos en las redes sociales, haga una lista de amigos, familiares y otros contactos que con sus actividades profesionales podrían casualmente ayudarle. Seguro que entre ellos encontrará clientes potenciales o por defecto prescriptores.

Encontrar un mentor

Si juventud sabía, si vejez podía…

Al inicio de un negocio no hay nada mejor que tener los consejos de un « sabio ». Una persona que le ponga bajo su ala, que le de su dictamen sobre sus elecciones y que le transmita su conocimiento. Esta persona puede ser un tío, un padre, un abuelo o un simple conocido. Si su mentor ya ha sido emprendedor, será aún mejor, pero no es indispensable. Lo importante es que tenga experiencia y que sea mayor que usted.

Es una teoría que no necesita más demostración: ¡cuanto más joven, menos se sabe, pero más se cree que sabe!

Quizás con el tiempo, necesite cada vez menos los consejos de su mentor, pero seguro que le seguirá consultando antes de tomar decisiones importantes.

¿Quizás ya tiene un mentor o piensa en la persona idónea para serlo?

En mi vida, he tenido varios mentores: mi padre, un tío, mi hermano mayor e incluso mi socio. Estas personas me han ayudado a avanzar y a reafirmar mis elecciones profesionales. Pero más que sus consejos, es el relato de sus propias experiencias lo que ha sido más enriquecedor. Al escuchar el desenlace de sus historias he intentado anticipar lo que podría suceder en mis propias problemáticas…

Sigo consultando a mis mentores cuando debo tomar decisiones importantes.

Mi consejo:

Haga este ejercicio: recuerde cómo era usted hace apenas un año y pregúntese: ¿era exactamente la misma persona?

¡Por supuesto que no! ha evolucionado gracias a la experiencia de la vida y de estos 365 días transcurridos desde entonces. De esta manera comprenderá la utilidad de consultar puntualmente a un "sabio" que compartirá su experiencia de los años anteriores.

Aprender a maximizar el tiempo y optimizar costes

Cuando creamos una empresa, en el 99% de los casos:

- Nos falta tiempo.

- Carecemos de medios.

Pero no todo está perdido, ya que una buena organización le permitirá maximizar su valioso tiempo y optimizar sus costes.

Algunos consejos:

Optimizar su administración interna

Se suele denominar a un gerente de sociedad "administrador". Al inicio de la creación de una empresa, no podemos imaginar lo que la administración puede representar. A continuación detallo una lista no exhaustiva de las diferentes tareas y documentos a considerar:

- Órdenes de compra, contratos, condiciones generales de venta

- Facturas

- Nóminas

- Cuota de seguridad de social

- IVA

- Impuestos

- Balance contable

- Cuenta de resultado

Con un poco de práctica, no tendrá problemas para dominar estos temas, pero mi principal consejo es dejar su contabilidad (sus balances, cuentas de resultados, declaraciones de impuestos, de IVA, de cuota de seguridad social y nóminas) en manos de una sociedad especializada (gestoría), y esto desde el comienzo de su actividad. En primer lugar porque delegar este trabajo no le arruinará (contar 160€ por mes como media). En segundo lugar porque es un tema suficientemente importante para tomar el menor riesgo posible. Por último, porque le vendrá mejor gastar su tiempo y energía en tareas que tengan más valor añadido como gerente: estrategia global de la empresa, venta, negociación proveedor, contratación...

Tenga en cuenta también que las gestorías podrán ayudarle a encontrar una financiación pública, que comentamos en el capitulo "modelo de financiación». Ya que estar al corriente de las ayudas a las empresas forma parte de las tareas de las gestorías.

En lo que se refiere a las órdenes de compra y a las facturas (a pagar o a emitir) se trata de operaciones que usted mismo puede gestionar, tanto más cuanto que están directamente vinculadas a la actividad comercial. En lo que respecta a la redacción de estos documentos, en la Web encontrará numerosos ejemplos.

La venta de su producto o servicio quizás necesitará un contrato más elaborado. Esto es lo que se denomina CGV: Condiciones Generales de Venta. En este caso, no tiene otra opción que recurrir a un jurista, ya que esta etapa exige ciertos conocimientos técnicos.

Cabe citar como otros consejos para optimizar su administración interna:

- El hecho de repartir adecuadamente entre socios las tareas en función de las competencias de cada uno. Esto puede parecer muy evidente, pero siempre está bien preguntarse si cada uno está haciendo tareas adecuadas en función de su experiencia.

- La utilización de las herramientas informáticas: Outlook para los correos, Excel para los cálculos, Word para las correspondencias o Google Calendar.

- Sin olvidarse de la muy valiosa « *To do list* ».

Mi consejo:

- No desempeñe las tareas que otros pueden hacer mucho mejor y con bajo coste: busque rápidamente una gestoría que lleve su contabilidad.

- Gestione usted mismo (al menos al arranque de su empresa) todo lo relacionado con su actividad comercial y sus gastos: facturas y órdenes de compra. Esto le permitirá tener la mayor visibilidad de su acción comercial y de su flujo de tesorería. En el caso contrario puede llegar a tener malas sorpresas….

Optimizar su acción comercial

Con las nuevas tecnologías la manera de darse a conocer y vender un producto o servicio también ha evolucionado mucho.

Nada reemplazará nunca el contacto físico, pero la aparición de nuevos instrumentos ofrece verdaderas alternativas.

Además del E-commerce, que permite vender directamente sus productos o servicios a partir de su página web, la optimización de los motores de búsqueda le pone directamente en contacto con sus clientes potenciales.

Millones de personas « googlean » cada día para encontrar el objeto de su deseo. Google y sus competidores han tenido desde hace algunos años, la ingeniosa idea de obtener ingresos de esas investigaciones, haciendo pagar a las empresas que quieran aparecer en buena posición.

Por ejemplo, si hace una búsqueda en Google con las palabras: «Alquiler de coches», empresas como Avis, Hertz, Europcar aparecerán en las primeras líneas de su pantalla, y abonarán un importe a Google cada vez que usted haga un clic en su enlace. Es lo que se denomina el "enlace comercial".

En muy pocos años cualquier empresa ofreciendo un producto o servicio se ha convertido en un incondicional cliente de estos motores de búsqueda de Internet. Si hace la prueba en su ordenador, lo comprobará. El resultado es alucinante...algunas empresas se gastan incluso fortunas, ya que el sistema funciona con pujas: el que más invierte, mejor está colocado, por lo tanto más opciones tiene de que su cliente potencial lo encuentre. Es exactamente el concepto de la tienda que paga un alquiler muy alto porque se encuentra en el lugar donde más clientes tendrá. *"Location, location, location"* como se dice en inglés!

Hoy en día Google ofrece la forma más eficaz de darse a conocer.

Incluso hay trabajos que se han creado alrededor de esta nueva función. Al igual que el Community Manager gestiona su presencia en las redes sociales, el SEO Manager (SEO para: Search Engine Optimization) optimizará sus apariciones en los distintos motores de búsqueda. Google no es el único operador (incluso si posee el 80% del mercado), cabe citar también Yahoo, Bing y Baidu (el motor de búsqueda que se permite el lujo de ganar a Google únicamente en el territorio chino).

Por el mismo procedimiento de pago por clic, encontrará en sitios web o blogs la presencia de enlaces comerciales para otras páginas web. Esto es lo que se denomina la afiliación. Pero equivale más a una publicidad en Internet.

Volviendo a Publimovida, la idea era aparecer en una buena posición cada vez que un prospecto buscaba un soporte de publicidad exterior en España.

Para ello, hemos elaborado una lista de palabras que podían venir a la mente de un cliente potencial buscando un soporte publicitario. Palabras como promoción, cartelería, vallas publicitarias, vehículo promocional, etc. También en "Google Adwords", el sistema de enlaces comerciales de Google, hemos dedicado un presupuesto mensual para todos estos clics esperados...

Y el resultado fue…un tremendo éxito.

En pocas semanas Google ha sido nuestro principal gestor comercial. Quisiera recordar que estamos en 2004 en el momento en que hicimos esta acción y la utilización de los vínculos comerciales por nuestros competidores era casi inexistente. La gente todavía no conocía el poder de Google!

Con una inversión mínima (100 euros al mes) teníamos el derecho de recibir miles de clics sobre el enlace Publimovida. Bastaba con convertir tres de estos clics en clientes cada mes para cubrir nuestros gastos y empezar a ganar dinero, lo que logramos rápidamente.

Vaya ganancia de tiempo en comparación a un enfoque comercial clásico y sobre todo… ¡qué ahorro económico!

Justo antes del descubrimiento de « Google Adwords », tuvimos una reflexión sobre nuestra meta de clientes para resolver el problema comercial que teníamos. Fue la combinación de estos dos factores: nuevo objetivo de clientes potenciales y medios adecuados para lograrlo, que nos ha llevado sobre el camino del éxito.

Mi consejo:

Se resume en pocas palabras: Para maximizar su acción comercial, estudie detenidamente la oportunidad de acciones en « Google Adwords ». Aún está al alcance de cualquier bolsillo y es tremendamente eficaz.

Optimizar los costes de producción

Qué hacer cuando la estructura de su empresa se ha vuelto demasiada pequeña para atender los pedidos que tiene:

- ¿Invertir en materiales que mejorarán su productividad?

- ¿Contratar nuevo personal para satisfacer la demanda?

- ¿O bien encontrar subcontratistas que realizarán el trabajo en su lugar?

Tal es el dilema común a muchas empresas. Es un "feliz" dilema ya que supone que les va muy bien a nivel facturación, de lo contrario la problemática no se plantearía.

La subcontratación es un modelo practicado desde hace tiempo en la industria y se propaga cada vez más en los servicios.

Hoy en día son pocas las empresas que producen el conjunto de los productos o servicios que comercializan.

Los ejemplos más significativos se encuentran en el sector del automóvil donde los fabricantes únicamente fabrican una muy pequeña parte de los vehículos que venden bajo su nombre comercial. Recurren a numerosas empresas para producir los componentes del vehículo. Los principales fabricantes de vehículos son de hecho "montadores" más que fabricantes.

La principal ventaja de la subcontratación es su gran flexibilidad frente a las variaciones de los pedidos. Si la demanda disminuye, bastará con reducir su flujo de pedidos hacia sus proveedores. Si por el contrario aumenta, no tendrá que hacer una inversión importante para satisfacer dicha demanda.

Pero la subcontratación incluye también numerosos inconvenientes que repasaremos más adelante en este libro.

En el caso de Publimovida, nuestra acción en Google Adwords junto con una reorientación de nuestra meta de clientes provocó, en muy poco tiempo, un fuerte aumento de pedidos de campañas publicitarias.

Hasta entonces sólo teníamos un vehículo para satisfacer estas solicitudes. Por lo tanto tuvimos que encontrar otros vehículos y en un plazo de tiempo muy corto. Siguiendo la misma lógica que nuestros clientes tecleando "vehículos publicitarios", descubrimos en los motores de búsqueda (pero no en un enlace comercial) un competidor muy poco activo que disponía de siete vehículos similares al nuestro, aparcados en un almacén y sin uso desde hace muchos años.

Era una oportunidad ideal para revitalizar el carburador de estos vehículos y dar una nueva vida a esta empresa muy parada por falta de clientes y de esfuerzo comercial.

Habíamos encontrado el subcontratista ideal y podíamos finalmente decir muy alto que disponíamos de una flota de ocho vehículos, mientras que en realidad teníamos un único vehículo en propiedad.

Esa fue la manera de optimizar nuestros costes de producción.

Mi consejo:

Antes de invertir en material y personal para satisfacer un aumento de demanda, estudie en primer lugar la posibilidad de subcontratar su producción. Esta solución le ofrecerá mucha flexibilidad tanto al nivel organización como económico.

Ayuda de los organismos públicos o privados

A menudo se nos olvida, pero algunas entidades públicas o privadas pueden ser de una gran ayuda para su empresa. Por entidades públicas y privadas, me refiero a organismos tales como cámaras de comercio, agencias para la creación de empresas o agencias especializadas en su sector de actividad.

Le ayudarán en sus gestiones si tiene que contratar a gente, dar a conocer un producto, recibir una formación, hacer un estudio de mercado, etc. Suelen organizar misiones de prospección en el extranjero, total o parcialmente financiadas. Estos viajes son útiles no sólo por los mercados que cubren, sino también por los encuentros que hará con los otros miembros de la expedición, emprendedores como usted, y seguramente con muchos otros puntos en común. Como ya lo comentaba anteriormente, uno de los peligros del emprendedor es el aislamiento y la sensación de que puede hacer todo, solo. No hay nada mejor que el intercambio de conocimientos y de experiencia.

Además ser un miembro activo de estas organizaciones le permitirá encontrar, quién sabe, clientes potenciales, socios, proveedores, o nuevas ideas de negocio. ¡Es *networking*!

Con Publimovida he usado y abusado de los organismos públicos españoles ofreciendo formaciones gratuitas. Quince años después de haber terminado mi escuela de comercio, experimenté la necesidad de refrescar mis conocimientos teóricos. Así que seguí formaciones y clases nocturnas en numerosos ámbitos:

Marketing directo

Técnicas de venta

Telemarketing

E-Business

Estrategias empresariales

Gestión de las bases de datos de clientes

Calidad del servicio a los clientes

Etc.

Estos cursos me dieron la oportunidad de tomar un cierto retroceso con respecto al día a día de mi actividad. Cuando se crea una empresa, se suele tener "la nariz en el manillar" y no vemos lo que sucede en nuestro entorno.

Por otra parte estas clases me permitieron tener interesantes encuentros con otros empresarios o con personas con un perfil muy diferente al mío.

Una formación es también una excelente manera de auto-motivarse y de motivar a sus empleados, ya que demuestra que se apuesta por ellos.

Mi consejo:

¡Pida, recibirá! Si busca, encontrará fácilmente maneras de formarse 100% gratuitamente o de realizar un viaje de negocio con un presupuesto reducido gracias a un organismo público o semiprivado.

Otras ideas para optimizar los costes y maximizar el tiempo

Hay empresas que han hecho de la optimación de costes su negocio principal. Se dedican a realizar una auditoría completa de todos sus gastos: de la telefonía hasta el menaje, pasando por los suministros, consumibles informáticos y otros. A raíz del estudio de estos costes le proponen soluciones alternativas para reducirlos.

Algunas empresas ofrecen incluso optimizar sus costes de producción (personal incluido). Se remuneran en general sobre un porcentaje del importe que han logrado ahorrar. Por lo tanto es un sistema "win-win" para ambas partes. Sin embargo es preciso autorizarles a poner sus ojos en todos sus asuntos, lo cual no resulta tan fácil...

Para optimizar sus gastos de personal y su tiempo, puede también recurrir a un becario. Se tiende a olvidar esta posibilidad y sin embargo durante nuestros estudios, casi todos hemos tenido que pasar por la etapa del «periodo de prácticas». Harán una persona feliz y a un coste mínimo, a condición de tener una misión a proponer a su becario y dedicarle tiempo para su formación.

Si tiene que realizar un estudio de mercado también puede dirigirse a una escuela de comercio o una universidad y proponer este estudio como tema de tesis de fin de estudios. De esta manera encontrará una mano de obra cualificada y a un coste menor.

Otro medio original es la organización de un concurso. Es una manera de crear el *buzz* alrededor de su empresa. En cambio, en este caso es necesario prever un premio valioso para los ganadores.

> **Mi consejo:**
>
> Un becario, una sociedad especializada en el « *cost cutting* », el recurso a una tesis de fin de estudios o un concurso, son ideas originales para maximizar su valioso tiempo de emprendedor y sus costes.

Gestionar los problemas

Una empresa que no conoce ninguna dificultad o un emprendedor que nunca ha tenido preocupaciones, lamentablemente sólo existe en las películas... ¡y a veces ni siquiera!

Cargado de ondas positivas y optimismo, usted está creando su empresa, quizás no quiera ni pensar en los problemas que podrían llegar... ¡y tiene toda la razón!

Sin embargo, como dice el refrán: un hombre advertido vale por dos. Supongamos que es usted alpinista y quiere alcanzar una cumbre, sería preferible que se le indicaran los lugares donde se encuentran las posibles grietas.

Si no hubiera tenido tantas dificultades con mi empresa, nunca habría escrito este libro. Mi deseo más profundo es que este relato de mi experiencia le sirva de algo. En las siguientes páginas detallo los problemas que espero, usted nunca encuentre.

Problemas técnicos

Que su negocio sea una planta de fabricación, un sitio web, un restaurante o una tienda en franquicia tendrá forzosamente una parte técnica. Lo ideal es que usted tenga un dominio completo sobre esta parte con el fin de no tener dependencia.

En Publimovida se nos acumulaban los problemas técnicos. Apenas el camión entregado por el franquiciador, el ingenioso sistema de desenrollo de carteles ya no funcionaba, a causa de un defectuoso relé electrónico…Eran necesarias 48 horas para recibir este relé, era domingo y la campaña que habíamos vendido comenzaba al día siguiente, lunes. ¡Nuestro primer susto!

Afortunadamente lo superamos haciendo malabarismos y gracias a la buena relación que teníamos con este nuevo cliente.

Dos semanas después de lo ocurrido con el relé deficiente, fue el turno del transformador (del sistema de luz de los carteles) que se quemó sin que supiéramos la razón.

Un par de meses después, a finales de diciembre y como bonito "regalo de Navidad", la bobina que sostenía los carteles se cayó de golpe. Para arreglarla no tuvimos más remedio que hacer venir a un técnico del franquiciador desde la Bretaña francesa.

¡Está claro que no nos había tocado el buen número de serie!

Al comienzo, llamábamos sin parar al master o franquiciador, pero éstos situados respectivamente a 600 y 1600 kilómetros sólo podían brindarnos una asistencia...telefónica. Por consiguiente, mi socio y yo no tuvimos más remedio que remangarnos y solucionar los problemas nosotros mismos sin contar con los demás. *Ayúdate, el cielo te ayudará.* O en otras palabras el famoso DIY: *¡Do It yourself!*

Y, a fuerza, no solamente nos volvimos gerentes de empresa, sino verdaderos técnicos.

Mi consejo:

Procure dominar la parte técnica de su negocio para ser lo menos dependiente posible de los demás. En caso contrario, esta dependencia se convertirá, rápidamente, en un freno a su desarrollo o simplemente, a su actividad.

Problemas legales

En general, antes de crear un negocio, se suele verificar la viabilidad legal de su futura actividad. El problema es que una vez iniciado a menudo llegan las malas sorpresas que surgen en el terreno "legal".

Es por eso que una empresa de tamaño medio suele tener en plantilla y a tiempo completo un jurista. No sólo para la redacción de sus contratos, de las condiciones generales de venta, sino también para la sostenibilidad legal de sus productos o servicios actuales y futuros: depósito o utilización de patentes existentes, licencias, etc.

Para Publimovida, no teníamos ninguna preocupación en cuanto a la utilización legal de nuestro vehículo, debido a la seguridad que ofrece el marco de la franquicia en este aspecto: el franquiciador no puede vender un producto que no sea legal.

Sin embargo lo que no sabíamos, es que existen ordenanzas municipales que prohíben la circulación de vehículos publicitarios…en las calles de Madrid, donde habíamos creado nuestro negocio y en Barcelona, donde pensábamos desarrollarlo.

Desde el primer año de nuestra actividad, durante una campaña en Barcelona para la promoción del lanzamiento de *Carrefour Online*, nos pillaron *"in fraganti"*. Un agente de policía municipal nos multó refiriéndose a esta ordenanza municipal, y nos ordenó abandonar la ciudad sin más demora.

Afortunadamente para nuestro negocio, nunca tuvimos más problemas de este tipo. Por lo visto la ordenanza municipal ha sido sometida a algunas presiones (la publicidad crea muchos empleos…) y ha sido milagrosamente atenuada. Por otra parte, no todos los agentes están al corriente de la ley…y existe también el "no visto, no pillado".

A raíz del epílogo barcelonés, habríamos podido tirar la toalla, pero cuando se crea una empresa hay por supuesto obstáculos que superar y riesgos que tomar. ¡Dicen que el mayor riesgo, es no tomar ninguno!

Mis consejos:

Tome precauciones para evitar las sorpresas desagradables en el aspecto jurídico de su actividad. Se suelen consultar dos cirujanos antes de una operación delicada. Haga lo mismo para los asuntos legales: consulte con dos juristas diferentes y si los dos tienen el mismo discurso, podrá tener ciertas evidencias.

No de un paso hacia atrás ante los obstáculos jurídicos. ¡Enfréntese a ellos! Hay soluciones para todo y de todas formas tenga bien en mente que al escoger el camino del emprendedor ha elegido un camino donde hay que tomar ciertos riesgos.

Problemas comerciales

Saber cómo y dónde posicionar el producto o servicio que uno vende es evidente, pero también es "vital" para el buen desarrollo de su empresa. Se suele utilizar una expresión derivada del mundo animal: el mercado nicho, en inglés *"niche market"* para cualificar esta ley del posicionamiento. Encontrar su mercado nicho es encontrar su «rincón» en la medida de lo que está proponiendo. Siempre existe un *niche market* para un producto o servicio. ¡Lo más complicado es encontrarlo!

Mi pequeña empresa no conoce la crisis, me hubiera encantado cantar esta canción del cantante francés Bashung tras el inicio de la actividad, pero lamentablemente no fue el caso. Estábamos avisados: la media es esperar un par de años antes de empezar a ganar dinero después de haber creado su empresa. En nuestro caso, el primer año fue una verdadera catástrofe. Logramos cubrir los gastos de actividad únicamente dos meses en todo el año. Los otros diez meses fueron pérdidas tremendas, es decir que nuestros ingresos estaban muy lejos de cubrir los gastos. Sin mencionar el hecho de que todavía nosotros, los socios de la empresa, no cobrábamos sueldos.

¡Esto es un verdadero problema comercial!

Nuestro problema no venía de un exceso de optimismo en la elaboración del modelo de negocio, sino más bien de un error de posicionamiento de nuestro producto.

Al inicio, el sistema de desenrollo de carteles nos permitía tener sobre el mismo soporte varios anunciantes diferentes. No obstante, habíamos omitido una norma muy importante: ¡al español no le gusta compartir! Si en Francia en cualquier pantalla desplegable de tipo J. C. Decaux, hay un mínimo de tres anunciantes, en España los carteles "4x3" convencionales son fijos: un único soporte, un único anunciante.

Nuestro target de clientes eran los anunciantes de bajo presupuesto como restaurantes o pequeños comercios. Pero puesto que a pocos de ellos les convenció el hecho de compartir el soporte con otros, fue necesario cambiar de rumbo y proponer el soporte en exclusiva para un sólo anunciante. En consecuencia: ¡Adiós pequeños presupuestos y hola mastodontes de la publicidad!

Adiós también al sistema de franquicia. Ya no necesitábamos el ingenioso sistema de desenrollo de carteles, puesto que los anuncios se quedaban fijos en el soporte.

Esto es lo que se llama un replanteamiento radical, pero indispensable, ya que fue únicamente a partir de ese momento que comenzamos a ganar dinero.

Nuestro enfoque comercial cambió también por completo. De una acción «puerta a puerta» para presentar el concepto a la pizzería "Domino" del barrio o la joyería "Hernández", centramos nuestros esfuerzos en visitar las agencias de publicidad más importantes del país y a los anunciantes más potentes.

Aprovecho para comentar la diferencia entre estos dos objetivos de clientes prioritarios:

1º Las agencias de publicidad también llamadas "agencias de compra de medios". Son los verdaderos titulares de los derechos de gastos de los anunciantes importantes.

2º Los anunciantes en « directo ».

Es el dilema para cada soporte de publicidad, que sea una cadena de televisión, radio, revista, prensa o publicidad exterior: pasar por una agencia de publicidad, es abandonar una jugosa comisión (de la orden de un 15% a un 25%) pero es también en un sólo contacto y la puerta de entrada a numerosos anunciantes potenciales para su soporte. Si apuesta por las agencias viene bien, sin embargo, visitar también a los anunciantes (con el acuerdo de la agencias). No se sabe nunca cual será el mensaje sobre su soporte que darán las agencias a sus clientes. Si las agencias no le consultan, es porque tienen poca consideración hacia su medio.

Poco después del replanteamiento comercial, descubrimos «Google Adwords» descrito anteriormente. Por lo tanto no sólo habíamos identificado correctamente nuestra meta de clientes, sino también disponíamos del "instrumento" más eficaz para alcanzarla.

Mi consejo:

Si tiene un problema comercial, es porque:

- No se dirige a la meta de clientes adecuada.

Y/O

- Su producto o servicio no está adaptado a las personas a las cuales se ofrece.

Se trata de conclusiones ciertamente muy sencillas pero verdaderas en una inmensa mayoría de los casos.

Seguro que existe un mercado nicho para su producto o servicio. Si no lo ha encontrado no dude en reposicionar su oferta y cuestionarse si su meta de clientes es la correcta.

Un drama

Es una parte muy dolorosa.

Un año después de haber comenzado Publimovida, Eric, mi socio y amigo, fue a los Pirineos a esquiar durante un fin de semana y murió en un accidente de esquí.

Dios escribe derecho con líneas curvas. La desaparición a los 37 años de mi socio que amaba la vida, es para mí una de estas líneas curvas escritas por Dios, porque es inexplicable.

Me refiero una vez más a esta frase de *Saint-Exupéry* "*oblígales a construir una torre juntos y les convertirás en hermanos*". Nadie nos obligó a Eric y a mí a crear Publimovida, pero esta experiencia nos ha convertido en hermanos…

Volvamos al negocio, tan abrupta que pueda parecer esta transición, pero es exactamente la situación que tuve que afrontar: además del dolor por haber perdido a mi amigo, tenía que soportar la pérdida de mi socio. En los negocios hay muy poca compasión y si se deja llevar por los sentimientos es muy peligroso.

Es cruel e incluso injusto, pero es una realidad.

En mi caso, perder mi único socio significaba dividir la empresa en dos. Tenía también como consecuencia una reescritura de los estatutos, una nueva repartición de la deuda de los socios con sus herederos y una reorganización completa de la actividad de la empresa

Por pudor hubiera podido no mencionar esta dolorosa etapa, pero el objetivo de este libro es el de ayudarle si un día pasa por la misma tragedia. Así que voy a detallar las decisiones que tuve que tomar y las gestiones que hice:

- Los padres de mi socio se volvieron mis interlocutores directos puesto que habían « heredado » del 50% de Publimovida, así como de la deuda al crédito de mi socio. Fue necesario encontrar rápidamente un acuerdo con ellos para comprarles su mitad de participación en la empresa y su deuda. Fueron muy comprensivos con respecto a la situación delicada de Publimovida. Rápidamente encontramos un compromiso y unos meses después de la tragedia, les compraba todas las partes que habían heredado de Publimovida ante notario...

- Publimovida se transformó en una sociedad de responsabilidad limitada unipersonal. He pensado conservar la familia de mi socio como accionista de Publimovida para su recuerdo. Pero esta familia se encuentra en París y yo vivo en Madrid. Nuevamente como único miembro activo de la empresa, era más fácil y lógico pasar a ser el único accionista. Mantengo informado periódicamente a los padres de mi socio de las actividades de Publimovida. Es importante demostrarles que la sociedad continúa su camino, a pesar de todo.

- Mi socio vivía en las oficinas de nuestra empresa por una razón mencionada anteriormente (una necesidad práctica de optimización de costes). Seguir trabajando en este apartamento con todo el recuerdo que suponía, fue rápidamente insoportable. Por consiguiente, decidí mudarme de oficinas. Tras una tragedia, cambiar su entorno material es una sabia solución. Hacer el duelo no quiere decir olvidarse por completo del pasado, pero es preciso tratar de mirar hacia delante.

- Contraté un becario, oficialmente para realizar un estudio de mercado, pero oficiosamente porque me costaba mucho encontrarme solo todo el día.

- Me volqué por completo en mi trabajo y es precisamente la mejor terapia. El punto en común que siempre tendré con mi socio es lo que "construimos" juntos: Publimovida. Por lo tanto no hay mejor que hacer todo lo posible para que la sociedad funcione bien y perdure. Eric, mi socio, era muy perfeccionista. Era capaz de pasar horas para corregir un pequeño detalle: el color en una presentación o la formulación de una frase. En inglés se suele decir « *there is no substitute for quality* ». Es cierto, nada vale más que la calidad. Antes de conocer a Eric yo era todo lo contrario. Gracias a mi socio me he dado cuenta de que en el trabajo, hay una necesidad continua de buscar la perfección.

- Para evitar dar demasiadas vueltas en mis horas libres inicie números proyectos personales. Pasé a ser incluso hiperactivo. Era la mejor solución para evitar una buena depresión post "golpe duro".

- Un año antes, aprovechando la tranquilidad de los viernes por la tarde al nivel negocio, inicié la redacción de una novela. Entonces pisé el acelerador para terminarla y publicarla.

- Hacía tiempo que tenía ganas de volver a hacer competiciones de tenis: me inscribí en un par de torneos para llenar mis fines de semana.

- Como lo comentaba en un capítulo anterior, tanto estando en el paro como estando empleado, siempre existen posibilidades de conseguir formaciones gratuitas. ¡Conseguí nada menos que diez cursos diferentes en un plazo de dos años!

- Debo confesar que mi fe en Dios me ayudó mucho en estos momentos difíciles. No me voy a extender sobre este tema por respeto a los que no creen. Pienso simplemente que creer en Dios, es una suerte para tratar de comprender los misterios que la vida nos reserva…

<u>Mis consejos</u>:

El trabajo es sin duda la mejor terapia para salir adelante tras las desgracias, preocupaciones personales o incluso ideas negras. Después de un golpe duro esfuércese en volver al trabajo lo más rápidamente posible, así se dará cuenta de que no hay otra opción que mirar hacia adelante.

Mi otra reflexión se refiere a un tema más profundo:

¡Cuántas veces he discutido con mi socio! Cuántas veces nos hemos puesto nerviosos por tonterías. Suele ocurrir cuando se crea una empresa, hay inevitablemente estrés, nerviosismo y tensiones.

Cómo me arrepentí de haber discutido tanto con él cuando ya no estaba conmigo...

Amaos los unos a los otros y sobre todo ¡amaos mientras estéis vivos!

Este libro está dedicado a Eric Maquet, mi socio y amigo.

Problemas con subcontratistas y proveedores

Si tiene la suerte de poder elegir entre varios proveedores o subcontratistas y eventualmente ponerles en competencia, se encuentra en una situación privilegiada. Sin embargo, si ellos están en situación de monopolio con usted, ¡ojo! Podrían rápidamente beneficiarse de esta postura...

Fue exactamente lo que me ocurrió.

Los soportes publicitarios que proponíamos tenían ciertas características: carteles expuestos detrás de un cristal-escaparate, retro-iluminación, tamaño consecuente de los carteles etc. Aparte de nosotros, únicamente dos otras empresas en España tenían vehículos con dichas características: una empresa en Madrid y otra en el País Vasco cuya existencia sólo supimos varios años después, lamentablemente.

Por lo tanto tuve que enfrentarme a varias problemáticas con este proveedor único:

1º Problema: estar en una posición de inferioridad para negociar un precio.

Mi subcontratista se dio cuenta rápidamente y aprovechó la agradable situación de exclusividad de la cual disfrutaba.

Habíamos convenido desde el comienzo de nuestra colaboración, unas tarifas de referencia para el alquiler de sus vehículos. Pero esta tarifa nunca fue respetada ya que cada campaña por sus características propias (circulación los fines de semana, días festivos etc.), requería un tratamiento "caso por caso". De ahí las innumerables negociaciones que rápidamente se transformaron en un regateo de bazar para terminar en un chantaje por parte de mi proveedor: "Si quieres hacer esta campaña es tanto, sino tendrás que buscarte otro camión ». Y dado que es mejor ganar algo que no ganar nada, no tenía muchas otras opciones...

Si tuviera que hacer mí *mea culpa* diría que cometí dos errores fundamentales:

1º No haber fijado suficientemente las reglas de partida con mi proveedor: si hubiéramos definido todas las opciones de tarifas posibles, habríamos evitado muchos debates y sobre todo hubiéramos ganado tiempo.

2º Haber demostrado demasiadas debilidades a la hora de negociar.

Mis consejos:

Evite por todos los medios ser rehén de sus proveedores y subcontratistas. Defina desde el comienzo las normas de colaboración muy precisas y sobre todo una gama de tarifas lo más completa posible para cubrir todos los casos "excepcionales".

Procure ser firme con su proveedor desde el inicio, en caso contrario se aprovechará de sus debilidades.

2ª Preocupación: el control de calidad.

Cuando una empresa se dedica a montar piezas controla su parte: el montaje, pero no controla la calidad de las piezas necesarias para este montaje, puesto que no las produce. Esto resume la situación en la cual me encontré. A falta de tener la opción entre varios proveedores, estaba también pendiente de las prestaciones suministradas por éste.

Para mi subcontratista, la fabricación de los carteles y la limpieza de los camiones dejaban mucho que desear. Está claro que mi subcontratista y yo no teníamos los mismos criterios de calidad...

Cuando se vende publicidad, se vende imagen y ésta debe ser impecable e irreprochable.

Cuántas veces tuve que remitir el vehículo a una estación de lavado por el alto estado de suciedad que presentaba. Cuántas veces sentí vergüenza del trabajo presentado al cliente por la calidad de impresión de los carteles.

Por supuesto que no se puede siempre controlar todo. Pero como dice el refrán, *gobernar es saber prever.*

¡Mi subcontratista fue el responsable de la caída del poco pelo que me quedaba!

De este modo comprendí porqué sus vehículos estuvieron parados durante tantos años...

¡Lo repito! *There is no substitute for quality.*

Mi consejo:

Si tiene la posibilidad de elegir entre varios proveedores o subcontratistas, más allá del precio, asegúrese también de tener con ellos los mismos criterios de calidad. Una vez más esto puede ser muy evidente, pero no siempre es así...

3ª *Problema de la subcontratación: ser copiado por su subcontratista*

Puesto que tiene el producto, el *know-how* y la experiencia, el otro peligro es que su subcontratista decida un día hacer lo mismo que usted... ¡y en más barato!

Será necesariamente más barato, dado que usted es una interfaz entre él y el cliente. El cliente al ponerse en contacto directamente con el proveedor se ahorra el "peaje" de la interfaz.

¡Y eso es lo que mi proveedor pretendió hacer, hasta que lo cogí *in fraganti*!

Me refiero esta vez a otro subcontratista que había encontrado en el norte de España. Con él, yo estaba mucho más en sintonía con respeto a los criterios de calidad. Pero este proveedor tenía el defecto de tener poca ética. Durante una campaña que hacíamos conjuntamente para una cadena de jugueterías, no encontró nada mejor que ponerse en contacto con el propietario de la cadena para ofrecerle sus servicios en directo. Lo que no sabía es que tenía la confianza de este cliente y éste me llamó rápidamente para contarme lo ocurrido y la falta de escrúpulo por parte de mi proveedor.

Convoqué enseguida a mi subcontratista para comentarle que no entendía la lógica de su gestión: actuando así un día seguramente terminará ganando a un nuevo cliente, pero me perderá a mí, un cliente quien le encarga campañas casi todas las semanas y con varios clientes diferentes.

Cada uno en su lugar, cada uno en su papel. En mi modelo de negocio el subcontratista es un productor y yo soy un ensamblador-vendedor. El posee los vehículos y los conductores y yo aporto los clientes. Y es precisamente el verdadero valor añadido de Publimovida: sus conocimientos comerciales, sus contactos, sus clientes. Nunca he impedido a mis subcontratistas tener otros clientes... ¡pero no lo míos!!

> Un consejo:
>
> Esta vez me pongo en lugar de mi proveedor: evitar por todos los medios tener un sólo cliente. Las situaciones de monopolios nunca son buenas. Cada uno tiene que tener y desarrollar su propio espacio vital.
>
> Para no ser copiado, siempre es necesario adelantarse y mantener una posición de vanguardia. Para Publimovida, esta posición la hemos adquirido gracias a la labor comercial, a una base de datos de clientes y también gracias a Google Adwords…

Una imagen que resume bien este capítulo sobre la subcontratación es la de un equilibrista sobrepasando obstáculos con nombres evocativos: cualidades de las prestaciones del proveedor, tarifas de los proveedores, riesgo de ser copiado, satisfacción del cliente, etc.

Problemas de personal

Incluso si *No hay más riqueza que las personas*, la gestión del personal es una tarea muy imprevisible y complicada. Muchos jefes de empresa incluso afirman que gestionar a sus empleados es la mayor de sus ocupaciones… ¡y de sus preocupaciones! De ahí la necesidad de escoger con cuidado sus empleados.

Con Publimovida puedo hablar con experiencia de este tema...

Seis meses después de la tragedia de mi socio, en agosto de 2005, decidí tomar unas vacaciones y volver a mi pueblo de Provenza. Una semana antes gracias a mi comercial "Google Adwords" me salió una campaña de última hora en el sur de España, cerca de Marbella.

Mientras que mi chófer y yo, nos dirigíamos hacia la "Costa del Sol", el neumático trasero derecho del vehículo estalló sobre el asfalto sobrecalentado de las carreteras ibéricas, en pleno trayecto. El vehículo hizo unos pasos de flamenco, pero afortunadamente no quedó dañado. Una rueda de recambio solucionó el percance.

Hubo más miedo que daño. ¡Fue la oportunidad para recordar a mi conductor que no solamente tenía entre sus manos un juguete de 70.000 euros, sino también su empleo! Parecía como un preaviso.

Después de dos días con él para iniciar la campaña, regresé a Madrid para coger un avión y escaparme a Provenza para disfrutar de mis vacaciones. No desconecté mi móvil por si el chofer necesitaba algo de mi…. y…el primer día de vacaciones, a las ocho de la mañana aparece su nombre en la pantalla de mi Nokia… aún creo soñar…

Me informó de que el vehículo había volcado en un foso al lado de la carretera.

Sobre estas rutas muy frecuentadas en esta temporada, por lo visto, un coche se presentó en frente del camión en plena curva. Un brusco golpe de volante fue la única solución para evitarlo. Dicho coche se evaporó, pero el camión no resistió a ese "golpe de mano" trágico, salió de la calzada y volcó.

El conductor, aunque afectado por lo ocurrido, se encontraba bien y sin ninguna lesión. No ocurrió lo mismo con su herramienta de trabajo…

La cabina quedó totalmente destruida. La caja donde hasta hacía poco tiempo aparecían orgullosos los anunciantes, daba pena de ver (véase la foto más abajo, una vez arreglada la cabina). La pesadilla sigue viva.

Para empeorar más la situación, el año anterior, dos accidentes imputables al conductor (descritos en el capítulo « contratar personal »), nos habían privado de conseguir un seguro a todo riesgo. Incluso, dado nuestro tipo de actividad, habíamos tenido todas las dificultades del mundo para encontrar una aseguradora que aceptara asegurarnos a terceros…

Y puesto que no había indicios del coche misterioso que generó el accidente, el culpable de cara a la aseguradora era por supuesto mi chófer al 100%...

Además hubo que remolcar el vehículo hasta el garaje más cercano, lo que generó más gastos. Por supuesto, también perdí mi cliente de Marbella, aunque esto tiene una importancia menor comparando con el daño del vehículo, nuestra principal y única herramienta de trabajo.

Fue una verdadera pesadilla.

Todo esto no era para tanto, por supuesto, en relación a la tragedia de la pérdida de mi socio ¡pero un palo más!

También fue necesario tomar una decisión en cuanto al chófer.

Siempre he pensado que cualquier persona tiene derecho a una segunda oportunidad pero ¿quid de una tercera?

Después de sus dos primeros accidentes, le avisamos que no tenía que volver a ocurrir y que era su última oportunidad. Tenía que levantar el pie y perder esta desafortunada costumbre de conducir el camión como si fuese un coche de rally. Se trata de un vehículo publicitario hecho para ser visto…de ahí la necesidad de circular a una velocidad reducida.

El GPS de circulación, que utilizábamos como medio de control remoto para nuestros clientes, nos demostró que el chófer circulaba a una velocidad demasiado rápida en esta pequeña carretera del sur de España. Fue una prueba irrefutable.

De regreso a Madrid, por consiguiente, despedí a mi conductor por falta grave y no era por no haberle avisado…

Tras haber perdido mi socio seis mese antes, en un golpe de volante perdí mi herramienta de trabajo, mi único empleado, una gran parte de mi inversión y sobre todo muchas de mis ilusiones.

Mis consejos :

- Cualquier negocio que se emprende implica necesariamente su cuota de riesgo, pero cuidado con arriesgar todo. En mi caso, circular ocho horas al día, con mi único instrumento de trabajo, a merced de un accidente y medio asegurado, era DEMASIADO ARRIESGADO.

- Respeto a sus empleados: es necesario siempre tratar bien a sus empleados, pero también es necesario estar atentos. Mi conductor tenía problemas de depresión. Le echamos una mano en un momento difícil de su vida (recuerdo que llevaba varios años en el paro). Por consiguiente nunca lamentaré haberle contratado. El único problema es que circulaba demasiado rápido y que no estaba suficientemente atento. Son dos defectos importantes… cuando uno es conductor. Mi error fue no haber tomado ninguna decisión cuando tuvo sus dos primeros accidentes.

Vencer la tentación de abandonar y recuperarse con fuerza

Apuesto que cualquier emprendedor ha tenido, al menos una vez en su vida, ganas de tirar la toalla. Cuando uno está sumergido en las preocupaciones y se acumulan las desgracias, se puede llegar a pensar que son señales del destino para avisarle que tiene que pasar a otra cosa. Los romanos, en otros tiempos, ya decían: *Errare humanum est, perseverare diabolicum.* ¡Perseverar en su propio error es diabólico! Pero antes de llegar a esta conclusión, hay que ir hasta el final de su experiencia, agotar todas las opciones que le quedan, e incluso si sigue habiendo una ínfima oportunidad de éxito, entonces hay que aprovecharla.

Pensé que la destrucción de mi vehículo era el golpe final que me faltaba para entender que mi aventura como emprendedor había terminado. La famosa gota que colma el vaso. Ya no tenía socio, ya no tenía empleado, ni herramienta de trabajo y pronto dejaría de tener ahorros. ¿Cómo se puede pensar en algo más que abandonar, en tal caso? Teniendo en mente que cuando ocurrió esto tenía 34 años, la edad ideal para encontrar un nuevo trabajo rápidamente.

Pero dentro de mi desgracia, tuve la suerte de que este incidente ocurrió en período de vacaciones, es decir, en un momento propicio a la reflexión.

Repasé en mi cabeza la película entera de la creación de Publimovida. Todos estos momentos vividos con mi socio para construir esta pequeña empresa, superar las dificultades iniciales y ponerla en marcha. Todos estos esfuerzos para montar pieza por pieza y construir este "edificio" (que resultó ser de cristal).

Y a raíz de una reflexión me pasó por la cabeza volver a leer el mítico poema *Si* de *Rudyard Kipling*:

Si puedes mantener la cabeza en su sitio cuando los que te rodean la han perdido y te culpan a ti. (...)

O ver cómo se destruye todo aquello por lo que has dado la vida,
y remangarte para reconstruirlo con herramientas desgastadas.

Si puedes apilar todas tus ganancias
y arriesgarlas a una sola jugada;
y perder, y empezar de nuevo desde el principio
y nunca decir ni una palabra sobre tu pérdida.

Si puedes forzar tu corazón, y tus nervios y tendones,
a cumplir con su deber mucho después de que estén agotados,
y así resistir cuando ya no te queda nada
excepto la Voluntad, que les dice: "¡Resistid!". (...)

Entonces

Tuya es la Tierra y todo lo que hay en ella,
y lo que es más: ¡serás un Hombre, hijo mío!

¡Vaya lección de literatura…y de vida!

Tenía que levantar cabeza. Precisamente para que todo lo que me había pasado no me hubiera pasado para nada. Sentí que me quedaba una última oportunidad y tenía que probarla para ir hasta el final de mi aventura de emprendedor con el sentido de haber agotado todas las posibilidades.

En la práctica unas decisiones se imponían a corto plazo.

En primer lugar, ¿que hacer del camión dañado?

Tenía dos opciones:

1º Abandonar el vehículo en un desguace del Sur de España, donde se encontraba tras el accidente.

2º Volver a ponerlo en pie (el mínimo que se podía), es decir reparar el motor y la cabina y llevarlo hacia Madrid, para encontrar luego una solución para la caja publicitaria (que aún estaba destruida).

Mi decisión fue de optar por la segunda opción, la de la reparación del camión, agotando mis últimos ahorros en esta operación.

Una vez el vehículo de regreso a Madrid, como soy muy terco, pensé que podría reparar la caja. La caja no es únicamente un montón de chapa sino un sistema de retro-iluminación con luces de neones, tres cristales de gran tamaño, veintiún motores para el desenrollo de los carteles y un ordenador (de ahí el precio muy elevado).

Los presupuestos recibidos me hicieron rápidamente cambiar de opinión. ¿Y si mañana el camión tropieza de nuevo? Sería una nueva pérdida en seco que ya no podría soportar, económicamente hablando. Además no me quedaba ni un duro en la hucha.

En consecuencia, tuve que resignarme a encontrar a un comprador para esta chatarra, y terminar con la pesadilla de camión lo más pronto posible...

Mi primer reflejo fue llamar a los que me habían vendido el vehículo: los franquiciadores. Con mucha franquicia (nunca mejor dicho) me propusieron 5.000 euros para un vehículo, aunque en mal estado, que ellos mismos me habían vendido 70.000 euros dos años antes. Esto es lo que se llama una "muy" menos-valía. Además, la condición era remontar el camión hacia Brest, lo que implicaba nuevos riesgos de multas dado el estado del vehículo, aumentando en esa misma ocasión esta menos valía.

Solución abandonada.

Mis pensamientos se dirigieron después hacia este proveedor madrileño al cual me refería en capítulos anteriores. Me indicó que la compra del camión le interesaba, incluso dañado. Esto fue para mí la solución ideal, ya que se encontraba en Madrid y ya estábamos trabajando conjuntamente subcontratándole camiones cuando el mío estaba ocupado...

En una semana el asunto estaba cerrado, lo que me permitió recuperar, con esta venta, una parte de mi inversión inicial (aunque muy baja, es cierto).

Mi nueva ecuación para Publimovida se traducía en: cero camiones pero una base de clientes que seguían solicitándome para realizar sus campañas de publicidad.

La solución de la subcontratación a tiempo completo aparecía claramente como la solución idónea.

El comprador de mi camión roto, aparecía también como el perfecto socio de esta subcontratación. Tanto más cuanto que este mismo comprador disponía de una flota de seis vehículos similares al mío adquiridos también en la misma empresa francesa unos años antes.

Con este nuevo modelo de negocio todos encontramos un beneficio:

- Mi proveedor, muy contento de haber encontrado una nueva fuente de ingresos.

- Yo mismo, muy feliz de continuar la aventura de emprendedor pero esta vez sin el estrés de estar a la merced de un golpe de volante inoportuno.

- Mis clientes que, sin saberlo, podían seguir haciendo su publicidad con este soporte innovador. Escribo "sin saberlo" ya que nunca supieron que Publimovida ya no tenía más vehículos en propiedad.

A partir de ese momento, tuve otras preocupaciones de proveedores (descritos anteriormente), pero sin duda mi dosis diaria de estrés disminuyó de forma radical. Hice bien en aferrarme y en volver a leer un clásico de la literatura...

Mi consejo :

Vaya hasta el último extremo de su experiencia como empresario e incluso si le queda una pequeñísima posibilidad de éxito: Cójala. En caso contrario en el futuro siempre le quedará un remordimiento por no haberlo intentado todo.

Y para levantar la cabeza de nuevo con fuerza tras un duro golpe… vuelva a leer el poema *Si* de *Kipling*!

Desarrollar su actividad

Tratar de mejorar su oferta

Cuando se hace referencia al desarrollo de una empresa, se utiliza con frecuencia la expresión "Reinventarse o desaparecer".

El mundo cambia y sus clientes también. Anticipar, adaptarse a las evoluciones, tratar de mejorar su producto o reinventarlo es, por lo tanto, vital para la supervivencia de cada empresa.

Cabe notar una excepción que confirma la regla: ¡si su empresa funciona perfectamente, no cambie nada! Existe un famoso refrán en inglés a este respecto: *If it's not broken, don't fix it.* Hay muchos ejemplos de empresas que han querido revolucionar sus actividades, mientras que todo funcionaba bien y fracasaron en sus nuevas estrategias. Los cambios son a menudo la consecuencia de un nuevo equipo de dirigentes que desea imponer su propio estilo.

Antes de añadir nuevas actividades a su empresa, conviene reflexionar sobre la forma de mejorar el producto o servicio que ya propone. Y buscando bien, siempre hay maneras de mejorar su oferta.

En el caso de Publimovida lo que proponíamos eran carteles publicitarios en un vehículo. Algo tan básico que tuvimos que dar muchas vueltas para reinventarlo y mejorarlo.

Lo conseguimos tras largas noches de *brainstorming* y también con la contribución de algunos clientes de confianza, a quienes solicitamos abierta y francamente su opinión sobre los puntos a mejorar.

Las mejoras se concentraron inicialmente en el seguimiento de campañas. Un cliente va a pagar por la circulación de un vehículo publicitario, pero ¿Qué medios tiene a disposición para controlar el tiempo de circulación y el circuito que le hemos vendido?

Por consiguiente, adquirimos un servicio de localización GPS y equipamos todos nuestros vehículos (es decir los de los subcontratistas) con este sistema. De esta manera, el cliente al conectar con la página web del GPS puede en cualquier momento saber dónde se encuentra el vehículo con sus carteles y verificar el historial de su circulación. También es un buen pretexto para controlar nuestros subcontratistas, y para los subcontratistas un medio infalible para controlar a sus conductores. Hay una reacción en cadena.

A continuación un ejemplo de informe GPS, el dibujo del vehículo muestra donde se encuentra en un momento dado, y por debajo el histórico de su circulación.

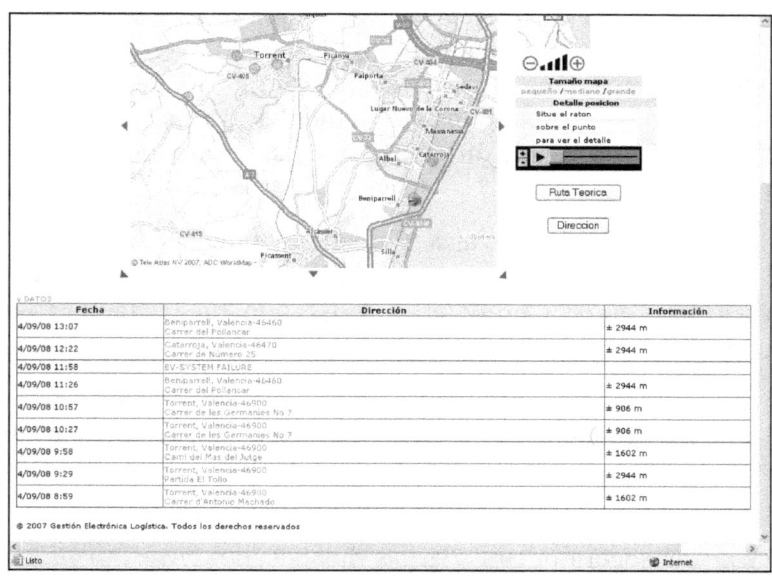

Fecha	Dirección	Información
4/09/08 13:07	Beniparrell, Valencia-46460 Carrer del Pollancar	± 2944 m
4/09/08 12:22	Catarroja, Valencia-46470 Carrer de Numero 25	± 2944 m
4/09/08 11:58	EV-SYSTEM FAILURE	
4/09/08 11:26	Beniparrell, Valencia-46460 Carrer del Pollancar	± 2944 m
4/09/08 10:57	Torrent, Valencia-46900 Carrer de les Germanies No 7	± 906 m
4/09/08 10:27	Torrent, Valencia-46900 Carrer de les Germanies No 7	± 906 m
4/09/08 9:58	Torrent, Valencia-46900 Cami del Mas del Jutge	± 1602 m
4/09/08 9:29	Torrent, Valencia-46900 Partida El Toño	± 2944 m
4/09/08 8:59	Torrent, Valencia-46900 Carrer d'Antonic Machado	± 1602 m

® 2007 Gestión Electrónica Logística. Todos los derechos reservados

Hemos tenido un cuidado especial con los informes de campaña. Tomando numerosas fotografías en lugares claves de circulación del vehículo.

En la siguiente imagen, extraída de un informe de campaña, se ve perfectamente el peatón observando los carteles del vehículo.

Además hemos reflexionado sobre el producto en sí mismo. Aunque siempre seguirá siendo un vehículo, pensamos en lo que podíamos hacer para hacerlo más atractivo.

Una de nuestras conclusiones fue: ¡Esta bien estar visto, pero si puede estar oído también, es aún mejor!

Por lo tanto, incorporamos altavoces en todos los vehículos. De esta manera proponemos al anunciante, además de una visualización de día y de noche con la retro-iluminación de los carteles, el paso en bucle de su cuña radio (si se tiene una) sobre el mismo soporte.

Es un acoplamiento de los sentidos: visto + oído.

A continuación una imagen de los altavoces sobre el vehículo de un subcontratista:

Además de los carteles en los tres lados del vehículo, proponemos también la opción de una decoración integral con los colores del anunciante, fortaleciendo así el impacto visual.

Además encontramos una opción innovadora, transformando el camión en un escaparate móvil. Elevando los carteles, puesto que la caja está vacía en el interior, podemos exponer directamente los productos del cliente. En la imagen posterior verá una campaña para la promoción de una tienda de muebles, donde tras los cristales, se observa un showroom de productos del cliente, en este caso unos muebles de decoración.

Estos ejemplos demuestran que siempre existe un medio para mejorar su producto o servicio. Incluso si se trata de un simple vehículo publicitario, dando muchas vueltas, siempre se pueden encontrar alternativas inéditas.

Mi consejo :

No dude en consultar a sus clientes de confianza, con el fin de mejorar el producto o servicio que propone. La opinión de un cliente vale mucho. Además es una manera de retenerles ya que se sentirán aún más involucrados en su proyecto.

No pretenda hacer una revolución si su negocio funciona bien: *If it's not broken, don't fix it!*

Diversificar las actividades

En general, pensamos en una diversificación de actividades con el fin de suplir una posible o actual disminución de la actividad principal y así disminuir los riegos. En inglés se suele decir "don't put all the eggs in the same basket".

Diversificando se busca también una aumento de los ingresos de la empresa. Es lo que todo emprendedor tiene en mente.

Sin embargo diversificar sus actividades exige una inversión en tiempo y dinero y eso conlleva riesgo. Es una paradoja, cuando el objetivo principal es precisamente limitar los riesgos.

En teoría, existen dos formas de diversificación:

1° Iniciar una nueva actividad muy diferente de su actividad principal.

Es un enfoque coherente con su deseo de limitar los riesgos.

2° Desarrollar una nueva actividad cercana a su actividad principal.

Es también un enfoque coherente para optimizar los contactos y la experiencia que se haya adquirido.

Antes de embarcarse en una u otra de estas opciones es preciso hacer una reflexión en profundidad sobre las oportunidades y los riesgos implicados.

Con Publimovida probamos estas dos estrategias con resultados muy distintos. A continuación les relato mi experiencia:

La subcontratación tiene defectos como hemos comentado anteriormente, pero una gran ventaja: descarga su tiempo de trabajo. En efecto, en mi caso puesto que ya no tenía que gestionar directamente a los conductores o un parque de vehículos, pude dedicar una parte importante de mi tiempo a otras actividades ya que Publimovida se vendía casi solo (una vez más gracias a Google Adwords).

Mi primera experiencia de diversificación fue colaborando para una multinacional americana llamada: Thomson Business Intelligence Service. Intelligence en inglés significa "información". De ahí la famosa sigla muy conocida CIA: Central Intelligence Agency.

Thomson vende estudios de "inteligencia económica", es decir informes detallados sobre sectores económicos. Esta empresa estadounidense dispone incluso de la más amplia base de datos de informes económicos del mundo.

Era el responsable de vender estos informes a las sociedades españolas, mediante un pequeño fijo y unas comisiones, que facturaba directamente mi empresa Publimovida a Thomson. Con este sistema conservaba toda mi autonomía, dado que firmé un contrato mercantil de agente con Thomson.

Mis clientes potenciales eran, ante todo, sociedades de asesoramiento y de auditoría del tipo: Accenture o KPMG o de ingeniería como Cape Gemini o Atos Origin. Empresas con las cuales yo no tenía ningún contacto previo dado mi *background* publicitario. Por lo tanto no tuve más remedio que volver a vestirme de comercial a puerta fría y llamar a todas estas empresas para fijar reuniones de demostración y convencerles para comprar estos informes económicos.

La experiencia fue un éxito relativamente correcto en términos de ingresos generados, pero finalizó al cabo de un año, cuando Thomson decidió vender su base de datos a otra empresa… ¡pero no sus agentes en la misma operación!

De esta experiencia obtuve una nueva enseñanza en materia de venta. No obstante lamenté que fuera tan diferente de mi actividad principal y que no pudiera optimizar ninguno de mis contactos previos…

A partir de estas conclusiones inicié una segunda diversificación, esta vez mucho más relacionado con mi actividad principal.

El objetivo era aprovechar mi base de datos de anunciantes, adquirida gracias a Publimovida, para proponerles una alternativa a la publicidad exterior. Tuve que elegir entre los cuatro otros soportes convencionales: TV, radio, cine y prensa. Fue este último soporte el que escogí.

Un amigo de mi antiguo trabajo en la agencia de prensa había comprado los derechos para España de una nueva revista: "*Champions*" la revista oficial de la Liga de campeones de fútbol. Mi amigo se ocupaba de la parte editorial de la revista, y necesitaba alguien para administrar la parte publicitaria. Aproveche esta oportunidad para maximizar mis contactos y conseguir nuevos ingresos. Además el fútbol es una de mis pasiones.

Sin embargo, esta experiencia no fue muy exitosa a causa de las restricciones impuestas por los gestores de la revista: nos habían prohibido contactar a las empresas que actuaban en el mismo sector que los patrocinadores oficiales de la "Champions": Sony, Ford, Adidas, Vodafone, Heineken y Mastercard. Esto quería decir que no podíamos establecer contactos con los fabricantes de videojuegos, de automóviles, ninguna marca de prendas de deporte, ninguna empresa de telecomunicaciones, ningún productor de cerveza y ningún banco.

¡En resumen este coto privado nos imponía no abordar las empresas susceptibles de estar interesadas por la revista en primer lugar! Era casi una misión imposible…

Pero la idea de diversificación era buena.

Mi tercera y actual experiencia de diversificación está...en el sector de las nuevas tecnologías. No tiene nada que ver con la prensa, ni la publicidad exterior, incluso si gran parte de mis clientes objetivos siguen siendo los mismos: grandes anunciantes y agencias de publicidad. Esta diversificación se ha convertido en mi principal actividad desde hace unos años. Les contaré todo en un nuevo libro.

Mi consejo :

Para su diversificación, elija prioritariamente un sector que no sea totalmente desconocido. Lo ideal es desarrollar una nueva actividad en un sector complementario a su actividad principal.
Así limitará los riesgos y podrá optimizar los contactos establecidos.

Fidelizar los clientes

Los negocios que generan ingresos recurrentes son los que cualquier emprendedor sueña por conseguir. Qué difícil es volver a poner los contadores a cero al principio de cada año y regresar a la conquista de nuevos clientes para hacer hervir la olla. Más que difícil, es agotador. Si usted es joven y enérgico, no verá en esto un problema, pero a medida que pasen los años, se dará cuenta de lo duro que es encontrarse al pie de la misma montaña y subir de nuevo al principio de cada ejercicio.

Entonces sí que ha logrado crear una base de clientes fieles: enhorabuena, porque el contador no volverá completamente a cero y se quitará mucha presión de encima.

Una estadística que causa temor: ganar un nuevo cliente cuesta diez veces más que mantener uno.

De ahí la importancia de cuidar sus clientes actuales...

Pero la cuestión del millón es: ¿Qué métodos hay que utilizar para mantener sus clientes?

Existen muchas técnicas que vamos a ver, pero la principal forma de mantener un cliente es… ¡darle plena satisfacción! Es tan evidente que lo podemos olvidar. Un cliente satisfecho con su producto o servicio no irá a sus competidores. Y si lo hace, es también un riesgo por su parte, por lo tanto se lo pensará dos veces. Cabe recordar otra estadística: un cliente contento es diez veces más apto a ser fiel.

La dificultad es, ante todo, saber si su cliente está contento o no. ¡Y esto, a menos que se lo pregunte, nunca lo sabrá!

No dude en solicitar regularmente a sus clientes mediante cuestionarios de satisfacción. De este modo podrá tener una idea de los clientes fieles que pueda tener, además de los aspectos a mejorar en su oferta.

En el capítulo "venta" comentábamos que un cliente compra el vendedor y el producto al mismo tiempo. Para mantener un cliente, son también fundamentales los vínculos que van más allá de la relación profesional. Por consiguiente, debe cuidar mucho este aspecto y humanizar su empresa lo más posible, de modo que un cliente no adquiera un producto o servicio a una empresa sino que lo haga a una persona. En los países latinos como España, esta norma es aún más real.

Los comerciales suelen estar demasiado centrados en la búsqueda de nuevos clientes mientras que su acción principal debería ser fidelizar a los existentes. En primer lugar porque es vital para la supervivencia de cualquier empresa, pero además porque siempre hay oportunidades de *"upselling"* con los clientes existentes.

El *upselling*, es el incremento de facturación por cliente, de ahí la necesidad de conocer bien a los clientes y de comunicar con ellos para conocer sus necesidades.

Informar, e incluso involucrar a sus clientes en los desarrollos de su empresa, es también una forma de fidelidad. Para ello existen las « *Newsletter* »: cartas de información que se envían a su base de datos de contactos para informarles sobre las novedades comerciales o promociones. También puede crear un espacio intranet en su página web, para permitir a sus clientes el acceso a una información privilegiada mediante una contraseña. De este modo tocamos el criterio de la exclusividad de ser cliente y por consiguiente de cierta manera afectamos de manera positiva al ego de cliente.

Como medio más clásico, está la tradicional tarjeta de fidelidad, que permite en principio obtener descuentos. En general las empresas utilizan las tarjetas de fidelidad para tener más información sobre sus clientes. Pueden así afinar sus bases de datos y centrar sus ofertas a estos mismos clientes. En otras palabras una tarjeta de fidelidad le ofrece un medio eficaz sobre la trazabilidad de sus clientes a cambio de abandonar un poco de margen en compensación de los descuentos concedidos a los portadores de las tarjetas. Difícil de tener algo a cambio de nada...

Aun más sutil y muy eficaz es la "devolución a final de año". La famosa DFA tan utilizada para las grandes y medianas superficies. Como su nombre lo indica, sólo puede beneficiarse de dicha devolución a finales del año, lo que implica una fidelidad ipso facto entre los proveedores y clientes para beneficiarse del "*jackpot*" prometido el 31 de diciembre.

Para acabar con esta revisión de los instrumentos de fidelización, cabe citar un medio menos humano pero también muy eficaz: la herramienta informática, CRM. CRM significa "Customer Relation Manager». Un CRM permite, en un sólo vistazo, tener el historial completo de la relación entre su empresa y su cliente.

Por supuesto todos los medios utilizados deberán estar adaptados a su tipo de actividad. Para Publimovida, nuestra principal arma de fidelización fue la « disponibilidad ». En el mundo de la publicidad, las campañas se deciden a menudo en el último momento y debemos ser capaces de poner en marcha una campaña en un tiempo récord.

Al subcontratar los vehículos y con la suerte de tener varios subcontratistas (lo que no fue nuestro caso al inicio), tenemos para cada campaña varias soluciones alternativas, lo que hace que nuestro punto fuerte sea poder proponer siempre una solución a los clientes, incluso en los casos más críticos. Y los clientes siempre aprecian esta disponibilidad.

Nuestra otra arma de fidelidad es la calidad del servicio prestado:

- Perfecto estado de los vehículos.

- Calidad de impresión de los carteles.

- Informe y seguimiento de campaña con el GPS.

Un año traté de mantener a algunos de mis clientes, ofreciéndoles una botella de "*grand cru*" aprovechando las fiestas de Navidad. Ninguno de estos clientes compró una campaña de publicidad el año siguiente. ¿Simple coincidencia o consecuencia? Nunca he podido saberlo. Lo cierto es que desde entonces he abandonado esta práctica, ahorrando así una onerosa acción para Publimovida…

Mis consejos :

Dos estadísticas a recordar y a escribir en el cuadro de sus comerciales:
- Ganar un nuevo cliente cuesta diez veces más que mantener uno.
- Un cliente satisfecho es diez veces más apto para ser fiel.

Conociendo a sus clientes sabrá subvenir a sus necesidades y le serán fieles. Para ello no dude en emplear los grandes medios entre otros: tarjetas de fidelidad y descuentos de todo tipo.

Encontrar un equilibrio vida privada, vida profesional

Estamos acercándonos al final de este libro. A lo largo de las páginas, siempre hay un vínculo que se crea entre el autor y el lector, y más aún cuando los hechos relatados son autobiográficos. Les he contado una gran parte de mi intimidad al describir los numerosos acontecimientos que tuve como emprendedor. Quisiera ahora reflexionar sobre un tema personal aunque relacionado con la actividad empresarial. Es la búsqueda del equilibrio entre la vida privada y la vida laboral.

¿Quien puede decir que no le interesa encontrar este equilibrio?

En su trabajo necesariamente uno tiene que hacer sacrificios sobre su vida privada y esta norma es aún más real si es empresario. Sacrificios en cuanto al tiempo pasado con los suyos, y este tiempo lamentablemente no se recuperará nunca. No ver crecer a sus hijos o más bien verles crecer pero sin darse cuenta, no disfrutar de sus padres o de sus amigos, ignorar a su cónyuge por estar demasiado acaparado por los pensamientos profesionales, son cosas a evitar por todos los medios.

Pero, ¿cómo hacer si uno tiene la ambición de hacer "algo" en su vida profesional? ¿No hay remedios?

Por supuesto que sí. Hay soluciones para todo, pero para "tener el oro y el moro", se necesita encontrar el equilibrio justo. El que hará de usted una persona feliz tanto en su lugar de trabajo como en casa.

¡Por lo tanto hay que ir a buscar este equilibrio a toda costa! Y para hacerlo, siempre es necesario mantener la guardia, no pensar que todo está "ganado" para siempre. Al ser consciente de que en cualquier momento podemos perderlo todo, nos esforzamos en estar en alerta continua. Las vacaciones pueden ser un momento oportuno para recapitular y ponerse en tela de juicio. Pero las vacaciones son sólo algunas semanas al año, por lo que es mejor no esperar para hacer las "revisiones" necesarias. Escribir sobre un papel sus objetivos personales y profesionales es también una excelente manera de mirar las cosas en perspectiva y darse cuenta de las prioridades. La escritura posee una virtud mágica, la de trasladar al papel los estados de ánimo y tomar así conciencia de ellos.

No tengo más consejos que darle en este capítulo, porque es un tema tan personal que cada cual debe experimentar en función de cómo es. En conclusión, esta pequeña anécdota: un día tuve una entrevista de trabajo con un cazatalentos experimentado, quien me preguntó cuáles eran mis metas de hoy a diez años. Sin pensármelo mucho le contesté que era el hacer feliz a las personas que me rodeaban tanto en mi lugar de trabajo como en mi vida privada. No conseguí el trabajo por otras razones, pero al salir de esta entrevista me sentí muy contento con mi respuesta. Muchos años han pasado desde esta anécdota, pero hoy si me volvieran a hacer la misma pregunta, contestaría igual. ¡Este es el equilibrio que voy buscando!

> Mis consejos :
>
> Empresario, usted que va a lanzarse en cuerpo y alma en su trabajo, no olvide cuidar su vida privada y busque un justo equilibrio entre sus prioridades profesionales y personales.
>
> No crea que todo es permanente, que todo es para siempre en su vida privada, y no dude en ponerse en tela de juicio. Tomando conciencia de que se puede perder fácilmente todo, prestamos necesariamente más atención…

Conclusión

Espero que la lectura de este libro le haya sido útil para sus proyectos actuales o futuros como emprendedor.

¡Espero también no haberle desanimado con el relato de las dificultades que tuve que superar! Cuando empecé Publimovida, pensaba poder coger el ascensor para llegar al éxito… ¡pero pronto me di cuenta de que el único camino posible era la escalera!

El camino del empresario es a veces tan difícil, que fácilmente puede tener la tentación de abandonar. Emprendedor: seguro que va a echar de menos la recepción de la nómina a finales de mes como empleado, sin preocuparse de otra cosa…

Sin embargo los tiempos no son lo que eran. El empleo de por vida ya no existe, incluso para los funcionarios. Nadie puede librarse de un despido inesperado. Por lo menos como emprendedor, usted es responsable de su propio destino y eso es muy valioso.

Hay que tenerlo bien en mente cuando la tentación de la renuncia se acerca…

Quiero subrayar también la importancia de ir hasta el final de su aventura como empresario, para no tener nada que lamentar. Decenas de veces he tenido ganas de tirar la toalla con Publimovida, pero me agarré y con el tiempo me felicito por haberlo hecho. A menudo es la última llave que se prueba la que abre la puerta…

Para mí, el único límite que puede tener el emprendedor, si ha decidido aventurarse solo, es no compartir su experiencia. Nada, absolutamente nada puede sustituir al intercambio de "conocimientos humanos" para avanzar. A veces pensamos que lograremos todo solo…Entre varios, se llega siempre a la meta más rápidamente. La unión hace la fuerza.

Por lo tanto aconsejo pedir ayuda y consejos a sus seres queridos antes de tomar decisiones importantes. Ellos tendrán el retroceso necesario y verán con perspectiva lo que usted no puede llegar a ver.

Para concluir este libro quisiera compartir una última reflexión que se ha convertido para mí en una verdadera fuente de motivación. Antes, cada vez que se me presentaba un problema, empezaba por lamentarme y siempre me preguntaba lo que había podido hacer para merecerlo. Ahora, cuando debo hacer frente a una dificultad, por supuesto que me sigo lamentando, pero sé que esta nueva prueba por muy dolorosa que sea, me aportará algo a nivel experiencia y me quejo menos...

La vida es como un libro, no hay que omitir ningún capítulo y seguir pasando páginas. ¡Tarde o temprano se termina por comprender por qué cada capítulo era necesario!

Le deseo mucha suerte con su experiencia de emprendedor y, como lo decía cierta persona vestida de blanco, *¡Adelante, no tengan miedo!*

Agradecimientos

«Qué difícil es agradecer» decía Gérard Depardieu al recoger un premio durante una ceremonia.

Dado que tengo la oportunidad de poner sobre papel estas muestras de agradecimiento, son en primer lugar para mis familiares, que me han apoyado en todo momento: mi mujer Carmen, mis hijos Jon y Clara, mis padres, mis suegros y mi hermano. Agradezco particularmente a mis cuñados Teresa e Iñaki y a Silvia M. por su valiosa ayuda en la traducción al castellano de este libro.

Pienso también en mis amigos, que son tan importantes en mi equilibrio de vida privada y vida profesional.

Tengo un pensamiento especial para la familia de mi socio y para Eric, porque sin él Publimovida nunca hubiera existido.

Como se trata de un libro sobre una creación de empresa, no me olvido por supuesto de agradecer a… ¡mis clientes!

Y…

Gracias a Dios, *Dieu*, *God*, *Allah*, *Yahveh*, la fuente… y gracias a la vida.

¡Solo estamos hechos para amar!

Memo de los consejos

Asociarse

Mis consejos:

¡Siga su instinto en el momento de asociarse! El instinto es el primer y el « verdadero » sentimiento fuera de cualquier opinión exterior. Un sentimiento único.

Mi segundo consejo es no pedir consejo a vuestros seres queridos en cuanto a vuestra asociación. Esto puede parecer muy audaz, pero es cierto. Sólo uno mismo puede saber si será capaz de trabajar con una persona. ¡No los demás!

En resumen, se podría decir que es necesario dejar de lado lo racional a la hora de escoger a su socio, y seguir únicamente su instinto.

Estudio de rentabilidad

Mi consejo:

Si emprende un negocio con una idea ya ampliamente explotada, asegúrese de que la diferencia o el valor añadido que usted aportará sea significativo. En caso contrario, será únicamente « uno más » en un mercado ya muy competitivo.

Incluso si su negocio tiene un valor de reventa significativo sin ser rentable, no descuide el estudio de rentabilidad. Para evitar las malas sorpresas, aplique la ley de los 20-20: disminuya su ingreso potencial del 20% y aumente sus costes del 20%.

Una idea con potencial

> Mis consejos:
>
> - Si tiene la prueba de que existe un mercado para el producto o servicio que usted venderá.
>
> - Si este mercado tiene futuro a corto y medio plazo (a largo plazo nadie puede presumir de saberlo ahora).
>
> - Si su meta de clientes no es demasiado restrictiva.
>
> - Si tiene la capacidad económica para arrancar su negocio y sobrevivir algún tiempo sin ingresos.
>
> Si reúne estas condiciones no es necesario investigar más: ¡Adelante, láncese, sin esperar más!
>
> Cuanto más espere, más dudas le surgirán y finalmente no se lanzará…
>
> A veces el riesgo es precisamente el no tomar ningún riesgo.

Negociar y obtener información de un proveedor/ franquiciador

> Mis consejos:
>
> Si tuviera que sintetizar las cuestiones claves a plantear, subrayaría lo siguiente:
>
> 1º Es primordial tener la más amplia información posible sobre los casos de franquicia que no han funcionado.
>
> 2º Analizar en profundidad los casos de franquicias que han tenido éxito.

> Si su situación se aproxima más al primer caso que al segundo, es mejor replantearse antes de continuar…en cambio si tiene muchos puntos comunes con una franquicia de éxito, va por el buen camino, acaba de pasar el "cut"!

Preparar su lanzamiento

Infraestructura física y jurídica

> Resumen de los consejos:
>
> - Además de elaborar cuidadosamente los estatutos de su empresa no olvide redactar también un contrato privado entre socios.
>
> - Se suele incluir como socios pasivos en la empresa: cónyuges, familiares o amigos, es decir personas que no tienen ninguna actividad directa en el seno de la sociedad. ¡Es un grave error! En caso de separación, se divorcio, enfado etc., siempre estará vinculado jurídicamente con ellos en los estatutos de la empresa. Si la sociedad fuera adquirida, será necesario obligatoriamente sentarles también a la mesa de las negociaciones. En las páginas siguientes les relataré mi experiencia al respecto.
>
> - Sea prudente con los gastos sobre todo en lo que se refiere al alquiler de las oficinas. Recuerde que numerosas empresas han iniciado su actividad en el garaje de sus fundadores, cosa que no les ha impedido triunfar…

Modelo de financiación

Resumen de mis consejos:

Para financiar su proyecto profesional, en un rango de orden pondría como primera elección: El estado a través de sus organismos especializados e inmediatamente después la autofinanciación, si uno se lo puede permitir.

Evite por todos los medios solicitar ayuda a su familia y amigos. Nunca se arrepentirá.

Componentes del "Marketing mix"

El producto

Mi consejo:

Tener bien en mente la definición y la descripción del producto o servicio que venderá parece tan evidente que se tiene tendencia a descuidar esta etapa. Sin embargo, es esencial tener las ideas claras sobre lo que se propone.

Utilice su entorno personal con juegos de rol para ponerse en situación. Si ellos no entienden lo que está haciendo y lo que trata de vender, entonces es muy probable que sus futuros clientes potenciales tampoco entiendan…

El precio

Mi consejo:

Hay muchos factores a tener en cuenta para determinar el precio justo de sus productos o servicios: competencia, rentabilidad, precios a pagar por los clientes…que es mejor avanzar muy poco a poco en esta etapa durante los primeros meses de su actividad.

Sus tarifas no deben de ser fijas. Sus productos y sus clientes evolucionan, por lo que es preciso realizar los ajustes necesarios para que sus precios sean acordes con ellos y hacerlo lo más a menudo posible.

Promoción-publicidad

Mi consejo:

En los años 70, en el momento del choque petrolero, un eslogan publicitario fue mítico en Francia: "No tenemos petróleo, pero en cambio sí tenemos ideas". A falta de grandes medios, sea creativo con su propia promoción.

Distribución

Mis consejos:

Hay una frase que resume perfectamente la buena estrategia a tener en materia de posicionamiento con el cliente: *Think global but act local.* Piense globalmente, pero actué localmente para encontrar su meta de clientes adecuada.

Antes de lanzarse, se recomienda hacer una prueba de concepto ante una muestra representativa de clientes potenciales. En función de la respuesta obtenida, se dará cuenta rápidamente si va por buen camino o si es necesario volver a reflexionar sobre su plan de negocio y/o su meta de clientes.

Presentación

Mis consejos:

- Con frecuencia se dice que una imagen vale más que mil palabras. No dude en añadir ilustraciones en sus presentaciones, ya que es lo que más llama la atención de sus lectores. Mucho más que las palabras.

- No piense que su sitio web pueda sustituir una presentación. Es un buen complemento pero no un sustituto.

- No dude en mencionar sus precios en las presentaciones. Además de ganar en claridad, ganará tiempo al descartar aquellos que nunca tendrán el presupuesto para adquirir su producto o servicio.

Planificación comercial

Mi consejo:

Fíjese unos objetivos realizables y A CORTO PLAZO. Los revisará cuando será necesario. En caso contrario, se desanimará ante la magnitud de la tarea…

Encontrar un nombre comercial, un logotipo, un lema

Mis consejos:

Pensar en encontrar un nombre comercial fácil de pronunciar en los idiomas más hablados. Si hoy su único mercado es España, mañana quizás sea la exportación que genere los ingresos de su empresa.

Para su logotipo piense en la oportunidad de una licitación en una escuela de diseño a cambio de una referencia (o a través de un periodo de prácticas). Será un excelente concepto ganador-ganador para ambas partes.

Un eslogan eficaz puede ser una formidable herramienta para ilustrar su actividad. A veces se olvidan las marcas, pero siempre se recuerdan los lemas.

Adjuntar una mascota a su nombre comercial es también un antídoto eficaz contra el olvido y tiene la virtud de « humanizar » su producto.

Vuestra presencia en la Web

Mi consejo:

-Elaborar una página web con explicaciones sencillas sobre lo que propone su empresa.

-Ser maestro de su "código fuente". Es decir, es necesario que negocien con el desarrollador de su sitio web para que pueda usted mismo actualizar su contenido. En primer lugar le permitirá ahorrar costes, pero sobre todo le dará una mayor flexibilidad para adaptar su sitio web cuando su modelo de negocio evolucione.

Las redes sociales

Mi consejo:

Hay que hacer una distinción importante entre las redes sociales como canal de información y como canal de publicidad. Para la primera le aconsejo gestionar este aspecto usted mismo como dueño de su empresa, en lugar de subcontratarlo, por lo menos al inicio de su actividad. Esta aspecto se puede manejar fácilmente, tan sólo hace falta un poco de práctica, es lo que se llama el *learning by doing*.

En cambio para las redes sociales como canal de publicidad le aconsejo recurrir a especialistas en este ámbito. Es tan potente y evoluciona con tanta rapidez que requiere un conocimiento muy específico.

Inicio de actividad

Las primeras llamadas

Mis consejos:

Para un *phoning* eficaz, las palabras clave son:

 - Calma alrededor de sí mismo y momento oportuno (evite los lunes por la mañana, viernes por la tarde...).

- Tener bien en mente el objetivo de la llamada y la argumentación para alcanzar este objetivo.

- Se aconseja empezar por una recomendación si es posible o una nota de humor.

- Ser claro y conciso.

- Ser entusiasta.

- Escuche con cuidado a su interlocutor y no dude en hacerle preguntas.

- Apunte enseguida el acta de sus llamadas.

> Si el objetivo es alcanzado, ¡auto-premiase! Lo habrá merecido ☺

Eficacia de sus reuniones comerciales

> Mi consejo:
>
> Un método infalible: recuerde las dificultades que ha tenido para conseguir una cita importante, esto le obligará y le motivará para prepararla cuidadosamente.

La venta

> Resumen de mis consejos:
>
> Para ser eficaz en la venta:
>
> - Actúe como si fuera a conquistar a su interlocutor.
>
> - Conserve un optimismo a toda prueba, la rueda acabará por girar en su favor.
>
> - Sea humilde cuando los resultados llegan. En caso contrario, dejará de progresar.
>
> - Intente transmitir la imagen de una persona exitosa, incluso si no fuera siempre el caso…
>
> - Tenga siempre sed de aprendizaje.

Contratación de empleados

> Mis consejos:
>
> - Valore más la actitud de sus candidatos que su capacidad.
>
> - Todos los socios deben de haber entrevistado al candidato elegido y su usted fuera el único socio, debería de pedir la opinión de otra persona de su entorno. Es un consejo contrario del que ya les di para encontrar un socio.

En las relaciones con sus empleados hay que ser "humanos", pero si hay una falta grave, no se deje enternecer y tome las decisiones necesarias.

Saber usar sus contactos

Mi consejo:

Además de sus contactos en las redes sociales, haga una lista de amigos, familiares y otros contactos que con sus actividades profesionales podrían casualmente ayudarle. Seguro que entre ellos encontrará clientes potenciales o por defecto prescriptores.

Encontrar un mentor

Mi consejo:

Haga este ejercicio: recuerde cómo era usted hace apenas un año y pregúntese: ¿era exactamente la misma persona?

¡Por supuesto que no! ha evolucionado gracias a la experiencia de la vida y de estos 365 días transcurridos desde entonces. De esta manera comprenderá la utilidad de consultar puntualmente a un "sabio" que compartirá su experiencia de los años anteriores.

Optimizar su tiempo y sus costes

Infraestructura

> Mi consejo:
>
> - No desempeñe las tareas que otros pueden hacer mucho mejor y con bajo coste: busque rápidamente una gestoría que lleve su contabilidad.
>
> - Gestione usted mismo (al menos al arranque de su empresa) todo relacionado con su actividad comercial y sus gastos: facturas y órdenes de compra. Esto le permitirá tener la mayor visibilidad de su acción comercial y de su flujo de tesorería. En el caso contrario puede llegar a tener malas sorpresas....

Optimizar su acción comercial

> Mi consejo:
>
> Se resume en pocas palabras: Para maximizar su acción comercial, estudie detenidamente la oportunidad de acciones en « Google Adwords ». Aún está al alcance de cualquier bolsillo y es tremendamente eficaz.

Optimizar sus costes de producción

> Mi consejo:
>
> Antes de invertir en material y personal para satisfacer un aumento de demanda, estudie en primer lugar la posibilidad de subcontratar su producción. Esta solución le ofrecerá mucha flexibilidad tanto al nivel organización como económico.

Ayuda de los organismos públicos y privados

Mi consejo:

¡Pida, recibirá! Si busca, encontrará fácilmente maneras de formarse 100% gratuitamente o de realizar un viaje de negocio con un presupuesto reducido gracias a un organismo público o semiprivado.

Otras ideas para optimizar sus costes y maximizar su tiempo

Mi consejo:

Un becario, una sociedad especializada en el « cost cutting », el recurso a una tesis de fin de estudios o un concurso, son ideas originales para maximizar su valioso tiempo de emprendedor y sus costes.

Gestionar los problemas

Problemas técnicos

Mi consejo:

Procure dominar la parte técnica de su negocio para ser lo menos dependiente posible de los demás. En caso contrario, esta dependencia se convertirá rápidamente en un freno a su desarrollo o simplemente, a su actividad.

Problemas legales

Mis consejos:

Tome precauciones para evitar las sorpresas desagradables en el aspecto jurídico de su actividad. Se suelen consultar dos cirujanos antes de una operación delicada. Haga lo mismo para los asuntos legales: consulte con dos juristas diferentes y si los dos tienen el mismo discurso, podrá tener ciertas evidencias.

No de un paso hacia atrás ante los obstáculos jurídicos. ¡Enfréntese a ellos! Hay soluciones para todo y de todas formas tenga bien en mente que al escoger el camino del emprendedor ha elegido un camino donde hay que tomar ciertos riesgos.

Problemas comerciales

Mi consejo:

Si tiene un problema comercial, es porque:

- No se dirige a la meta de clientes adecuada.

Y/O

- su producto o servicio no está adaptado a las personas a las cuales se ofrece.

Se trata de conclusiones ciertamente muy sencillas pero verdaderas en una inmensa mayoría de los casos.

Seguro que existe un mercado nicho para su producto o servicio. Si no lo ha encontrado no dude en reposicionar su oferta y cuestionarse si su meta de clientes es la correcta.

Gestión de un drama

Mis consejos:

El trabajo es sin duda la mejor terapia para salir adelante tras las desgracias, preocupaciones personales o incluso ideas negras. Después de un golpe duro esfuércese en volver al trabajo lo más rápidamente posible, así se dará cuenta de que no hay otra opción que mirar hacia adelante.

Mi otra reflexión se refiere a un tema más profundo:

¡Cuántas veces he discutido con mi socio! Cuántas veces nos hemos puesto nerviosos por tonterías. Suele ocurrir cuando se crea una empresa, hay necesariamente estrés, nerviosismo y tensiones.

Cómo me arrepentí de haber discutido tanto con él cuando ya no estaba conmigo...

Amaos los unos a los otros y sobre todo ¡amaos mientras estéis vivos!

Problemas de subcontratistas y de proveedores

Mis consejos:

Evite por todos los medios ser rehén de sus proveedores y subcontratistas. Defina desde el comienzo las normas de colaboración muy precisas y sobre todo una gama de tarifas lo más completa posible para cubrir todos los casos "excepcionales". Procure ser firme con su proveedor desde el inicio, en caso contrario se aprovechará de sus debilidades

Control de calidad de sus *subcontratistas y de proveedores*

Mi consejo:

Si tiene la posibilidad de elegir entre varios proveedores o subcontratistas, más allá del precio, asegúrese también de tener con ellos los mismos criterios de calidad. Una vez más esto puede ser muy evidente, pero no siempre es así...

Problema de la subcontratación: ser copiado por su subcontratista

---

Un consejo:

Esta vez me pongo en lugar de mi proveedor: evitar por todos los medios tener un sólo cliente. Las situaciones de monopolios nunca son buenas. Cada uno tiene que tener y desarrollar su propio espacio vital. Para no ser copiado, siempre es necesario adelantarse y mantener una posición de vanguardia. Para Publimovida, esta posición la hemos adquirido gracias a la labor comercial, a una base de datos de clientes y también gracias a Google Adwords...

Problemas de personal

Mis consejos :

- Cualquier negocio que se emprende implica necesariamente su cuota de riesgo, pero cuidado con arriesgar todo. En mi caso, circular ocho horas al día, con mi único instrumento de trabajo, a merced de un accidente y medio asegurado, era DEMASIADO ARRIESGADO.

- Con respeto a sus empleados: es necesario siempre tratar bien a sus empleados, pero también es necesario estar atentos. Mi conductor tenía problemas de depresión. Le echamos una mano en un momento difícil de su vida (recuerdo que llevaba varios años en el paro). Por consiguiente nunca lamentaré haberle contratado. El único problema es que circulaba demasiado rápido y que no estaba suficientemente atento. Son dos defectos importantes... cuando uno es conductor. Mi error fue no haber tomado ninguna decisión cuando tuvo sus dos primeros accidentes.

Vencer la tentación de abandonar y recuperarse con fuerza

Mi consejo :

Vaya hasta el último extremo de su experiencia como empresario e incluso si le queda una pequeñísima posibilidad de éxito: Cójala. En caso contrario en el futuro siempre le quedará un remordimiento por no haberlo intentado todo.

Y para levantar la cabeza de nuevo con fuerza tras un duro golpe... vuelva a leer el poema *Si* de *Kipling*!

Tratar de mejorar su oferta

Mi consejo :

No dude en consultar a sus clientes de confianza, con el fin de mejorar el producto o servicio que propone. La opinión de un cliente vale mucho. Además es una manera de retenerles ya que se sentirán aún más involucrados en su proyecto.

No pretenda hacer una revolución si su negocio funciona bien: *If it's not broken, don't fix it!*

Diversificar sus actividades

Mi consejo :

Para su diversificación, elija prioritariamente un sector que no sea totalmente desconocido. Lo ideal es desarrollar una nueva actividad en un sector complementario a su actividad principal.
Así limitará los riesgos y podrá optimizar los contactos establecidos.

Fidelizar sus clientes

Mis consejos :

Dos estadísticas a recordar y a escribir en el cuadro de sus comerciales:
-ganar un nuevo cliente cuesta diez veces más que mantener uno.
- Un cliente satisfecho es diez veces más apto para ser fiel.

Conociendo a sus clientes sabrá subvenir a sus necesidades y le serán fieles. Para ello no dude en emplear los grandes medios entre otros: tarjetas de fidelidad y descuentos de todo tipo.

Mis consejos :

Empresario, usted que va a lanzarse en cuerpo y alma en su trabajo, no olvide cuidar su vida privada y busque un justo equilibrio entre sus prioridades profesionales y personales.

No crea que todo está ganado en su vida privada y no dude en ponerse en tela de juicio. Tomando conciencia de que se puede perder fácilmente todo, prestamos necesariamente más atención…

Del mismo autor

Cuéntame cómo son
los franceses

Ensayo sociohistórico humorístico para
entender mejor al pueblo galo

Gaspard Chevallier